COSMIC
GARDEN
Forerunner

The Portal to Cosmic Consciousness

# 生死之間

## 死後世界的催眠紀實

BETWEEN DEATH AND LIFE

【新版】

當心跳停止，肉體生命結束，
究竟是什麼在光的那一頭等候？

這是一本重要且實用的靈魂之書。
它能幫助你了解死亡和死後的世界，
也因此，幫助你活出你的人生。

《地球守護者》、《監護人》、《迴旋宇宙》系列作者
先驅催眠師 朵洛莉絲·侃南（Dolores Cannon） 著
張志華、陳柏宇、張嘉芸 譯

二〇二四年八月新版加註：

多年前，宇宙花園因譯介朵洛莉絲・侃南的書籍，而與這位無私、正直的催眠先驅結緣。QHHT（量子療癒催眠法）是非常棒的一門技術，助人又益己。宇宙花園非常非常希望此催眠法吸引的是良善，謹記教導，以個案福祉為重，而非滿足個人小我（追求名利或虛榮光環）的學習者。宇宙花園也希望QHHT操作者會是提升人類心靈，協助個案找到自身力量的生力軍，帶給地球正面且踏實的支持，而非帶人們陷入自己編織出的幻相。

但身在人類社會，有些人就是別有居心。在追求心靈成長和生命意義的領域，不美好的人性反而諷刺性的偏多。這是身心靈圈的亂象（或許是全球性的現象吧）。雖然會得罪人，仍必須提醒各位，並非每位以朵洛莉絲・侃南之名宣傳的人，他們的動機都是正面和「純粹」的。我說的是事實。

近年以外星主題來吸引人的神棍越來越多。也有以能通外星訊息和尋找星際種子為宣傳手法的所謂「身心靈圈」人或自稱的QHHT催眠師（只上一階，如何能自稱「師」？）。然而，她／他（們）真如自己所行銷的那樣嗎？許多這類人在品德和專業上都是個問號。請謹慎。如果有人進行線上／遠距催眠，這絕對違反了催眠守則和教導。

如有任何疑問，歡迎來信 service@cosmicgarden.com.tw 詢問。

# 園丁的話

這本書是朵洛莉絲三十年前的作品，早於《地球守護者》，更早於《監護人》。

從她一路的著作內容，我們清楚看到她獲得的資料從地球的人世生活到死後的靈魂世界，再擴展到外星生命和宇宙的奧秘。

宇宙很有智慧，循序漸進地隨著作者心靈和知識的成長，一步步釋放出每個階段的資料。

每本書都有生命，都有它的使命。

這一本，是為大家帶來死後世界的光與知識。

# 目錄

TABLE OF CONTENTS

死神，不要驕傲，
縱然有人稱你強大且令人恐懼，
但你並非如此。
那些你以為毀滅的人並沒有死，
可憐的死神啊！你也殺不死我。

——約翰・鄧恩（John Donne）
〔英國詩人，1572-1631〕

# 第一章
# 死亡的經驗

我一直被指控在和亡者的靈魂交談與溝通，這在宗教圈是絕對不被允許的事。雖然我從不是那麼認為，但我想，這的確是事實，只不過，跟我說話的往生者不再是死去的，而是再度活在今天，並過著他們日常的生活。因為，就如你所知，我是個回溯催眠師，這是對專長於前世回溯和歷史研究的催眠師的普遍稱法。

許多人仍然很難接受我能穿越時光，與再次經歷人世經驗的個案對話的事實，但我很快就習慣了這樣的對談，而且覺得很吸引人。我也已經寫了好幾本書敍述我在這個不可思議的領域的探險。

對大多數的回溯催眠師來說，前世領域絕對是「禁區」。我並不是很明白其中原因，除非他們是害怕因此可能發現的事，所以寧可堅守在自己能夠處理的已知和熟悉的情境裡。有位這樣的催眠師就曾向我透露，「我試過了回溯。我曾經把某人帶回他還是小嬰兒的時候。」語氣像是他有了很大的突破。他的態度非常認真，我忍不住邊笑邊回答：「哦？可是那才是我回溯的起點。」

我也發現，即使是經常以前世記憶治療個案的回溯催眠師，其中也有許多對於引導個案經歷死亡經驗，或是進入所謂的死後世界，有著個人的恐懼。他們害怕個案這一世的身體在出神狀態下可能遇到某些狀況，而個案會因重新經歷的事件受傷，尤其如果是痛苦經驗的話。

在跟上千位個案經歷這樣的過程後，我知道，就算被催眠的人格曾經有過很可怕的死亡經驗，被催眠者的身體也不會有事，因為我向來都會採取特別的預防措施來確保個案的身體不被影響。個案的福祉永遠是我最直接且當下的考量。我覺得我的技巧能讓個案得到完全的保護，因此我不會以別的方式來嘗試這類研究。

對我來說，在所謂的「死亡」狀態，也就是轉世之間的層面，是我所接觸到最引人入勝、最令人興奮的存在領域，因為我相信在那裡可以獲得許多對人類有偉大助益的資訊。

我相信，人們會逐漸意識到，死亡其實沒什麼好恐懼的。當他們面對生命中的那刻，他們會知道那是他們很熟悉的經驗，而不是一個新的體驗。他們已經親身經歷許多次了。在身體死後，他們並不會進入可怕的未知，而是到一個已經去過許多、許多次的熟悉地方；一個許多人稱為「家」的地方。

我希望人們可以學著將生與死看作是進化的循環；每個人都會經歷許多次的生與死，這是靈魂成長非常自然的一部分。死亡之後是另一個層面的生命與存在，那個層面就跟他們所看到的周遭物質／實體世界一樣真實。甚至可能更真實。

有一次，我跟一位認為自己已經「開悟」的女子談話，我試著跟她解釋一些我發現的事。我告訴她，我研究死亡是怎麼回事，以及人死後到了哪裡。她興奮地問：「死後會去哪裡？天堂，地獄，還是煉獄？」

我感到失望。如果這些是她的腦袋所能接受的選擇，顯然這位女子並不像她自己以為得那麼開悟。

我有些惱怒地回：「都不是！」

她很震驚。「你的意思是……留在泥土裡？（指墳地）」

我因此意會到，要寫這本書，我必須先回顧自己的腳步，回到這道門最早開啟的時候，並試著記得自己在理解這些事情之前的信念和想法。這不容易，卻是必要的——因為如果我要瞭解並同理那些依然在尋找那扇門和那道光的人，我必須用他們能夠瞭解的語彙跟他們說話，並試著溫和地引導他們走到覺察的道路，這樣他們便能充實生活，不必恐懼明天會是如何。

對許多人來說，「死亡」這個字似乎非常可怕和絕望，它代表了終點和神秘、混亂的黑暗虛無，因為死亡意味著與物質世界的隔絕，而物質世界是人們確信存在的唯一地方。就像生命中的許多事，死亡是未知的，它被神秘、民間傳說和迷信所籠罩，人們因此對死亡感到恐懼。然而，不論我們有多想將死亡拋諸腦後，不去想它，我們都知道死亡是每個人最終會有的經驗。我們都知道身體會死，它有一天會斷氣，而到時會是什麼樣的情形？

我們認為是自己的那個人格，它會跟著肉體的軀殼死亡嗎？生命就只是這一輩子？還是，有更多的什麼？在我們所知的生命之後，是否有任何珍貴與美好的事物？也許教會所宣揚的善良和虔誠者進天堂，而罪惡和可惡的人下地獄是正確的？

我因為有著永不滿足的好奇心，總是在尋找答案；而我也相信，許多人也同樣渴望答案。我認為，如果我們能夠生活在喜悅和愛裡，而不是害怕是什麼在生命的終點等候，那麼人生就會輕鬆容易得多了。

當我剛開始進行回溯研究時，我並不知道自己會發現這些問題的答案。身為一個歷史的愛好者，我向來很喜歡回到過去的時空，跟不同時代的人對話。我喜歡重新經歷歷史的發生，透過個案的眼睛去看，就像他們回憶其他人世一樣。我想把他們對這些歷史時期的說法寫成書，因為他們在深度的出神狀態下，無意間證實了其他人的敘述。我並沒預期會發現這些模式，然而，某個沒料到的事發生了，它為我的探索開啟了一個全新的世界；我發現了那個在轉世之間，當人們離開地球的肉體生命之後，在所謂的「死亡」狀態所去的地方。

我至今依然記得第一次偶然穿越那扇門，並跟死者說話的情形。那是在某次的前世回溯，個案在我眼前突然經歷死亡，過程發生得非常快速和自然，令我措手不及。我並沒有完全意識到發生了什麼事，我事實上也不知道當一個人經歷死亡時，我該有怎樣的預期。但就如我說的，它發生得非常快速，我根本來不及停止。個案一下子就往下看著他的身體，並說那個身體就跟別的屍體沒兩樣。我很訝異個案的人格完好無損，沒有任何改變。這點很重要，因為有些人恐懼死亡或多或少會將他們自己或所愛的人變得不一樣、變得奇怪或認不出來。再次地，這是對未知的恐懼。要不然，我們為什麼會這麼害怕鬼魂和靈體呢？

因為我們認為死亡的過程多少會將所愛的人變成某個邪惡和可怕的東西。可是我發現，他們的個性不會改變，雖然在某些情況會經歷短暫混亂，但基本上，他們仍然是同樣的人。

當我克服了與死者說話的震驚與訝異後，我的好奇心接管，心裡浮現許多我向來納悶的問題。從那時起，每次只要我發現個案能夠進入符合這類研究所需的深度催眠狀態，我就會問他們一些同樣的問題。他們的答案基本上都是一樣的。儘管措詞不同，但說的都是同樣的現象。

從一九七九年開始催眠工作至今，我已經帶引多不勝數的個案經驗死亡的過程。這其中涵蓋了所有能想到的死亡方式：意外、槍擊、刀劍、火燒、上吊、斬首、溺斃，甚至有一位是死於原子彈爆炸（此案例記載在《魂憶廣島》）。這其中也有死於心臟病和各種疾病，以及因年老而安詳逝去的自然因素。死因雖然多樣，卻也浮現某些特定的模式。死亡的方式也許不同，但之後發生的事都是一樣的。我因此得到一個結論，我們沒有理由要害怕死亡。我們下意識的知道那會是怎麼一回事，而且是什麼在「另一邊」等候。

我們是應該知道的，因為我們經驗過很多次了，我們以前都經歷過無數次死亡。因此，透過研究死亡，我發現的卻是對生命的禮讚。死亡並不是恐怖的主題，它是迷人有趣的另一個世界。

隨著死亡，帶來的是智慧；隨著軀殼的蜕去，開啟了一個全新次元的知識。顯然地，人類因為在身體裡而受到限制與約束，然而，在死亡後繼續存在的人格或靈魂並不會受到阻礙，它們能認知到我們無法想像的事，我因此從這些已經「死去」的人的談話裡，獲得了許多令人費解與困惑的問題解答；這些問題自有時間以來就困擾著人類。

靈魂的回答跟靈魂各自的靈性成長有關。有的靈魂知識比較豐富，也比較能用我們人類容易瞭解的語彙清楚表達。

接下來，我會試著用個案自己的話來描述他們的經驗，因此，這本書可以說是匯集了許多人對死後世界的報告。

我發現，當死亡發生的那刻，個案最普遍的描述，就是感覺到一股寒意，然後突然間，靈魂就站在床邊（或別的地方）看著自己的身體。他們通常無法瞭解為什麼房間裡的其他人會那麼難過，因為他們覺得很美好。他們整體的感受是愉悅，而不是害怕或恐懼。

接下來是一位個案描述自己某世的臨終時刻；一位八十多歲，因年老過世的婦人。這

是很典型的死亡例子，這樣的例子持續在書中重複。（譯註：本書個案皆以S統稱）

朵：你活了很久，是嗎？

S：嗯，沒錯。我的動作很慢，動一下要花好久時間。（嘆氣）人生沒什麼樂趣了。我好累了。

由於她明顯不舒服，我引導她往前，來到生命結束的時候。當我數數完畢，個案的整個身體在床上抽動，然後她突然微笑，聲音充滿了生氣，跟前一刻疲倦厭煩的語調完全不同。「我感覺很輕！我是光！」她聽起來好快樂。

朵：你能看到你的身體嗎？

S：（厭惡的語氣）喔！那個老東西？它就在下面。我並不知道我看起來那麼糟！我有好多皺紋，好乾癟。我現在感覺很好，不再乾癟了。那個身體已經不能用了。（發出愉快的聲音）喔喔！我真開心我現在在這裡。

我忍不住笑了。她的表情和語氣跟死前有天壤之別。

朵：這個身體因為活了很久，所以變得乾癟，無法運作，這很可能是它死去的緣故。你說你在「這裡」，你是在哪裡？

S：我在光裡，哦……感覺很好！我覺得自己很有智慧……我感覺平靜……寧靜。我不需要任何東西。

朵：那你現在要做什麼？

S：他們說我必須休息。喔，我有這麼多要做的事，我不喜歡休息。

朵：如果你不想休息，你還是必須休息嗎？

S：不必，不過我不想再被身體束縛了。我想要成長和學習。

接下來，除了她在飄浮，我無法得到更多答案。透過她的表情和呼吸，我知道她當時是在靈界一個休息的地方。每當個案到了那裡，他們就好像進入深沉的睡眠，不想被打擾。在那時候問他們問題並沒有用，因為他們的回答會不連貫，而且沒有條理。

本書稍後會對這個特別的休憩處有進一步說明。

在另一個案例裡，一位女子重新經歷在家生產的過程。她的呼吸和身體動作顯示她正在經驗分娩。當身體跟心智都記得的時候，往往會出現這樣的情形。為了不造成個案任何不適，我引導她前進到生產結束的時候。

†

朵：你生下孩子了嗎？

S：沒有。生產過程很困難，就是生不下來。我已經疲憊不堪，於是就離開了身體。

朵：你知道小孩的性別嗎？

S：不知道。這不會有任何差別。

朵：你可以看到你的身體嗎？

S：是的。每個人都很難過。

朵：你現在要做什麼？

S：我想我要休息了。我最終還是要回來地球，不過我要在這裡停留一會兒。我在光裡。這裡很寧靜安適。

朵：你能告訴我光在哪裡嗎？

S：這裡是一切知識所在，一切都被知曉的地方。所有一切都是純粹和簡單的。這裡有更純粹的真理。你沒有世俗的事來混淆你。雖然地球上就有真理，但你們就是看不到。

朵：你說你必須回來。你怎麼知道？

S：我當時很虛弱。我應該可以忍受那個痛苦的，我必須要學習更能承受。如果我不是那麼虛弱，我就可以留下來了。我很高興我不記得痛了。我知道我需要回去，我必須變得完整。痛苦是我必須克服的一件事，我必須克服世上所有的痛。

朵：但每個人都會經驗痛，當在身體的時候，疼痛總是令人很難承受。你現在在「另一邊」就比較容易用不同的方式來看待了。你認為那是你想學習的課題嗎？

S：我會回去學習，是的。我會需要一些時間，但不會有問題。我想我當時應該要強壯些，我就可以做得更好，但小時候生的病讓我有很多恐懼。我害怕這一次也一樣糟。然後……我放棄了。疼痛……當你在心靈的較高意識層次並將自己轉移到純粹的光和純淨的思想裡，痛苦就不存在了。它只是個課題。當我們在人類層面經驗到痛，我們的情緒失控並表現出明顯的憂慮。藉由將自己轉移，專注在內心並保持耐性，我們就能超越痛苦，不受到它的影響。

朵：痛苦有目的嗎？

S：它是教導的工具。有時候它用來讓某些人謙卑。有時候，痛苦會教導一個傲慢自大的靈魂變得比較仁慈親切。它教導他們最終必須學會超越痛苦，這樣就能處理它。有時候，只要瞭解痛苦以及痛苦的原因，痛苦就會減輕。

朵：不過就像你說的，人會變得不理性，並且認為自己無法應付。

S：他們變得太自我中心了。他們需要超越本身的利益和當下的感受，到達一個比較靈性的層面，這樣他們就能處理了。有一些人為自己製造痛苦，因為痛是一種保護，一種躲避。他們可能會以此為藉口或當成逃避的方式。這是他們的目的。目的因人而異。痛是什麼？如果你不允許，它就影響不了你。如果你承認你會受傷，你就給了它力量。不要給它力量。感受痛並非必要。這都是人類的層面。當你觸及你的靈魂，你更高的心智，痛就無法掌控你。

朵：人可以將自己與痛苦分離嗎？

S：當然，如果他們想的話。但他們並不是總想這麼做。他們想要被同情和自我懲罰諸如此類的事。人很好笑。如果他們願意花時間瞭解的話，每個人都知道要怎麼處理。他們必須自己找到方法，因為如果你告訴他們有更簡單的方法，他們不會相信。他們必須自己弄清楚。這也是為什麼會有課題的部分原因。

朵：人很怕死。你可以告訴我死亡發生的時候會是怎麼一回事嗎？

S：嗯……我在身體裡的時候，感覺很沉重。它會拉扯我，就是會感到不舒服。但你死亡時，就好像重量消失了。很放鬆。人們把所有的問題都帶在身上。這就像帶著重擔，這一切讓他們負荷沉重。當你死亡時，這些重擔就像被拋到了窗外，這樣的感覺很棒。死亡只是個過渡。

朵：我想大家會害怕死亡，主要是因為不知道死後是怎麼一回事。

S：他們害怕未知。他們必須要有信心，只要信任就好。

朵：當人死的時候會發生什麼事？

S：你就只是上升，然後離開身體。你上到了那裡。在光裡。

朵：當你到了那裡，你要做什麼？

S：完美一切。

朵：如果你必須離開光，你會去哪裡？

S：回到地球。

朵：我們這樣穿越時間跟你說話是很不尋常的事嗎？

S：時間並沒有意義。時間不存在於這個架構，所有的時間都是一體的。
朵：所以我們現在從另一個時間或層面跟你說話，你並不會感到困擾？
S：為什麼會困擾？
朵：我們以為你可能會困擾，而且我不想打擾你。
S：我覺得這比較困擾你吧。

另一個案例是一位九歲死去的小女孩。當我第一次跟她說話的時候，她正參加學校的校外野餐活動，坐在裝乾草的卡車上。那時是十九世紀末期。野餐地的附近有條小溪，學生們可以在溪裡游泳。她不太會游泳，也很怕水，但她不敢讓別的小孩知道，怕會被取笑。有些人帶了釣竿，她因此決定假裝釣魚，這樣就不會有人知道她不會游泳。這個小女孩一直憂心忡忡，一點也不享受這次的遠足。

我指示她前進到年齡大一點時的一個重要日子。當我數完數，她開心的宣告：「我已經不在那裡了。我在光裡。」這很令人意外，於是我問她怎麼回事。

S：（哀傷的口吻）我不會游泳。我被黑暗籠罩了。我感覺胸口很痛。接著我就進到光裡……不痛了。

朵：溪水是不是比你以為的深？

S：我不認為它有那麼深。我是被嚇到了。我的膝蓋就這樣彎了下去，沒辦法站起來。我嚇壞了。

朵：你知道你現在在哪裡嗎？

S：（聲音仍舊很孩子氣）我在永遠裡。

朵：有任何人跟你一起嗎？

S：他們在工作。他們都很忙……他們在想要做什麼。我在努力瞭解這裡的一切。

朵：你認為你曾經來過這裡嗎？

S：對，這裡非常平靜。可是我會回去地球。我必須克服恐懼。恐懼是自己造成的，它讓人癱瘓。我並不是真的認為水很深，我覺得我是因為恐懼而彎曲了身體。通常所發生的最糟的事都不會有我們想得那麼不好。（聲音現在變得比較成熟）恐懼是人類心裡的怪獸，它只會影響地球上的人。影響世俗／肉體的心智。靈魂並不會被影響。

朵：你認為人們的恐懼反而會吸引他們所害怕的事情發生嗎？

S：噢，是的。你使得那些事發生在自己身上。思想是能量；它有創造力，它會促使事情發生。要看出另一個人的恐懼是如何愚蠢和不重要非常容易，你會想：「他們怎麼會害怕那個東西呢？」然而，當那是你的恐懼時，它是如此強烈、個人和悲慘，它就是會將你吞沒。所以，如果我能看著別人的恐懼並試著幫助他們瞭解那些恐懼，我想在這個過程當中，它也會幫助我瞭解自己的恐懼。

朵：這麼說很有道理。你知道，人類最大的恐懼之一就是怕死。

S：死亡沒那麼糟。那是我經驗過的最容易的事。它就像是所有混亂和疑惑的終點。然而當你重新開始生命，就會有更多的混亂。

朵：那為什麼大家還一直回來？

S：你必須完成循環。你必須學習一切並克服這世上的一切，這樣你才能進入完美的永恆生命。

朵：但要嘗試學習一切，這可是項艱鉅的任務。

S：是的，有時候很累人。

朵：似乎要花很久的時間。

S：嗯……從我現在所在的地方，一切看起來都很簡單，都在我的控制內。譬如說，我能夠瞭解恐懼和我現在的感覺；我覺得我不會被它影響。然而，身為人類的時候就不一樣了。當你在地球時，恐懼會吞沒你。我的意思是，它變成你的一部分，它會影響你。要避開恐懼並保持客觀並不是那麼容易。

朵：是不容易，因為你投入了情緒。但對旁人來說，看著別人的恐懼並說：「太簡單了！」總是很容易。

S：就像是在看別人的恐懼一樣，我必須學習忍受並堅持活下來，不要離開，直到我從那世盡可能學到我能學到的。我認為，如果我能在一世裡獲得許多體驗，那會比經歷許多次的短暫人世要容易得多。我浪費了很多時間。所以我將會小心選擇一個可以有豐富體驗的人生，這樣我就可以少回來地球。不過，我也認為這樣會比較辛苦。當你有人際與情感的互動，就會有些事必須解決。種什麼因得什麼果。

†

我們的文化裡有這麼個說法：臨死前，你的一生會「在眼前閃現」。這個情形曾發生在我研究的一些案例。它往往出現在死後，當死者回顧他們的人生，分析從中學到什麼的時候。「另一邊」的老師通常會在旁協助，因為他們沒有情緒的牽連，較能客觀地看待生命。

我有一位個案以非傳統的方式檢視了她的前世。雖然在回溯催眠這個領域，很難說有什麼是傳統的模式。

這位個案剛透過回溯重新經歷了某次前世，並來到她那一世死亡的時候。她是因為年老而安詳辭世。她正看著自己的身體被帶到家裡附近山頂的家族墓園埋葬。她沒有在死後立刻到「另一邊」，因為她決定要回家完成一些還沒處理完的事。回到家後，她驚訝地發現自己是個鬼魂，並且有穿越牆壁的能力。她看到的自己是有著人形的霧或霧狀物，她也吃驚地發現家具等物件妨礙不了她，就好像她是透明的一樣。

對她來說，發現自己在這種奇怪的狀態非常有趣。她在屋子裡遊蕩，想看看自己還有什麼樣的能力。她聽到打掃房間的女僕說房子鬧鬼，因為她們聽到有人走動的聲音。

過了一段時間，她當鬼的日子變得很無聊，因為沒有人能夠看到或聽到她，她無法與人溝通。她也很快發現，由於不再有身體，她無法完成回家想做的事。一旦她有了這個領悟，她發現自己立刻離開了屋子，站在山丘上眺望著山谷。已逝的先生前來迎接她並站在她身邊。在那個次元裡，他們很年輕，看起來像是兩人剛結婚的那天。

他們臂挽著臂眺望山谷，那是一個「有生命的山谷」，她後來描述，山谷就像被一大片彩色的拼布覆蓋，那些拼貼都是她這生的畫面。她的人生並不是線性式地一個接一個出現，而是全部同時呈現在眼前。她說：「我們可以看到墓園，看到城市，看到房子和山。就好像我們所知的一切都合併在一起。眼前就是我們的人生，是我們共同擁有的一切。我們看到兩人一起分享和經歷的人生。我們很高興我們是這樣過了這輩子。當一切結束之後，有些不變的東西留了下來。感覺很平靜。有點像是你站在那裡檢視，就好像你有片很大的地，你在上面種了許多不同的東西。也或者是你在花園裡種了很多花，而你正俯瞰著花園，你記得自己曾經怎麼照顧這個花園。你記得花園裡的一切是如何生長，而你眼前看到的就是最後的成果。你眺望著這個有生命的山谷，指著某處說：『嗯，我們確實在這裡有過非常開心的時光。我們在這裡一起做了好多事。』你讚嘆花園的每個角落，你也同時看到花園裡的一切。你人生中的所有場景都展現在眼前，你也能碰觸到它們，就像是在翻閱生活的剪貼簿。你看著曾經有過的生活，只不過它是以山谷的景象呈現。」

她非常滿足地看著這些景象，即使生命中的艱辛片段回顧起來很心酸，但這整個過程並沒有批判，而且似乎也提醒了他們下次回來時要做的改變。毫無疑問的，這並不是檢視剛離開的人生的唯一方式，然而，卻是一個美麗的方式。

在另一個案例，我和一位剛死於雪崩的男子說話。我問他死亡像什麼？

S：你曾經潛到很深的水池……池水底下又陰暗又混濁嗎？當要回到水面時，會越來越明亮。然後當你出了水面，到處都是陽光。死亡就像那樣。

朵：你認為死亡像那樣是因為這跟你死亡的方式有關嗎？

S：不，它像那樣是因為我是從物質／肉體層面來到靈魂的層面。當我離開了身體，我就像是從水池往上游。當到了靈魂層面，我就像浮出了水面，進到陽光裡。如果你是死於意外，你的身體因為受了傷，在失去肉體層面的意識之前，你的身體會感覺到痛，但在你失去意識之後，一切就非常容易，非常自然了。這就跟人生裡的其他事一樣自然。做愛，走路，跑步，游泳……。死亡只是生命的另一個部分。並沒有死亡這回事。你只是到了生命的另一個階段。死亡是喜悅的。如果有人擔心，告訴他們到一處有深潭的河裡，要他們潛到底，然後在水底用腿大力地拍打，往上衝出水面。告訴他們，死亡就像那樣。

朵：我想有很多人是擔心死亡的時候會很痛。

S：死亡並不痛，除非你有痛的需要。除非你希望，不然通常不會痛。如果你想，或是你覺得需要痛來教導你課題的話，它可以非常痛。不過，你一直都能將自己和痛苦分開。不論你和正發生的事有多連結，你都做得到。每個人都可以在疼痛的時候，讓靈魂和身體分離。

朵：但死亡過程本身……離開身體的時候會痛嗎？

S：不，這個過渡是和緩的，不是束縛的。痛來自於身體。靈魂感覺不到痛，除了感到懊悔之外。那其實是靈魂可以感受到的唯一的痛了。一種他們原本可以做些什麼……可以做更多的感受。那樣的感受會是痛苦的。然而身體上的痛再也沒有意義，因為你已經離開身體了。

朵：我們有可能在實際的死亡發生前就離開身體，讓身體來承受痛嗎？

S：是的。可以有這樣的選擇，不論是想留在身體裡體驗，還是想離開身體，只在一旁觀看。那是每個人都有的選擇。

朵：我個人認為這樣會比較容易，尤其如果是很痛苦的死亡。

S：這完全要看個人，由個人決定。

我在工作中遇過以下的例子。在某一次的回溯，一位女子因為她的信仰，在全鎮人的注視下，被燒死在火刑柱上。她很害怕，但她也對這些偏執的人感到氣憤。當火燄燃升，她決定不要讓他們看到她受苦的樣子而開心，於是她離開了身體，在上方盤旋觀看。令她遺憾和氣惱的是，她看到她的身體在經歷火燒痛苦時喊叫。在這個案例裡，身體和靈魂顯然是兩個分離的事物。

我認為對那些所愛的人死於暴力或可怕方式的人來說，知道所愛的人可能根本沒有經歷死亡的痛苦過程會讓他們感到安心和欣慰。理解靈魂不會想留在身體裡體驗那些痛苦是很合理的。靈魂會將本身從身體移除，而身體的反應只是自發性的行為，就像我們不小心割到或燙到自己時一樣。我們會喊叫並同時把手抽離，這個反應是不自主，而非有意識的。在經歷可怕的死亡過程時，身體只是自發性的反應，而真正的人格其實已經離開了身體，並從局外人的角度在旁觀看。

另一個個案對死亡的描述。

S：想像你赤裸、寒冷、流著血，正穿越充滿荊棘和野生動物及各種奇怪聲音的黑暗森林。你知道每個灌木叢後面都埋伏著預備向你襲擊的野獸。然後突然間，你走進了一處上面長滿青草的空地，那裡有鳥兒唱歌，天上浮雲朵朵，地上有怡人的小溪蜿蜒流向它的終點。想像這兩種情況的差異，你就能明瞭我對你說的生命和死亡的比較。

朵：可是在地球上有很多人害怕死亡。

S：沒錯，有很多在森林裡的人很害怕，但他們一旦出了森林就不再恐懼了。恐懼是在森林裡的時候。

朵：那麼在過渡時並沒有什麼好怕的。

S：有些靈魂的過渡經驗是比其他的好。我不跟你拐彎抹角。總之，一道門就只是一道門。不論你開了幾次，它還是一道門，不會改變的。

另一位個案的描述。

S：人們不該害怕死亡。死亡就跟呼吸一樣，沒什麼好怕的。它很自然而且沒有痛苦……就跟眨眼睛一樣。差不多就是那樣……。在這刻你在一個存在層面，然後眨一下眼，你就在另一個存在層面了。這大概就是你會有的身體感知，就像那樣沒有痛苦。你在這個過程中所感覺到的任何痛都是來自身體的傷，然而在靈魂層面是沒有痛的。你的記憶完好，你的感覺沒變，就好像你的人生仍舊繼續一樣。有時候你要久一點才會注意到自己已經不再跟身體連結，但通常是馬上就會注意到，因為你的感知擴大了，你能夠感覺到你跟靈魂層面之間沒有任何帷幕或遮蔽物阻隔；有些人把它比作為霧鏡。過渡到靈魂層面之後，先會有一段適應期，這時的你仍然能意識到肉體層面，但你也一邊在探討和感知靈魂層面，直到你適應了自己已在靈界的事實並對此感到自在。

朵：你能告訴我當靈魂離開你的身體，是不是也包括了你的心靈？

S：你的心靈就是你的靈魂。靈魂的概念涵蓋了你所稱的心靈、你的身分、你的實相的能量。那就是你的真我。你可以稱之為你的心靈或靈魂，看你選擇要把哪個看法融合到你的實相裡。

朵：我們聽過很多關於「銀線」的說法。真有這個東西嗎？

S：就如你可能有的認知，那是連接你的身體的生命線，它非常真實。在能量上來說，這條銀線是連接你的能量到身體的命脈。它的確是真實的東西。

朵：那麼在死亡的那刻，這個銀線就被切斷了？

S：沒錯。

朵：有些人害怕靈魂出體，因為他們恐懼可能會永遠就跟身體分開了。

S：靈魂是有可能出體，然而，這是透過意念發生，不是意外。

朵：你的意思是當他們的靈魂離開身體，銀線仍會連結他們，所以他們不會迷失？

S：沒錯。對於體驗星光體出遊（指靈魂出體），不該感到恐懼。如果不是要發生的事就絕不會發生。

朵：但在很多案例，那並不是計劃好，而是自然發生的現象。

S：沒錯。那是「自發的」。

我在工作中發現，大多數的人都沒有察覺每天晚上睡覺時，靈魂會離開身體。身體會累，它必須休息；靈魂則從來不用睡覺。對真正的你，也就是靈魂來說，要等身體醒來才能繼續它的工作相當無聊，所以當身體在睡覺的時候，真正的你便會離開身體，進行各式各樣的冒險。靈魂可以在地球四處旅行，在靈界停留，或甚至到其他星球或次元。人們通常不會察覺，除非他們記得夢到飛行或是到了不尋常的地方。我們一直都透過銀線，我們的生命線，我們的靈魂臍帶跟身體連結。當回去身體的時候到了，我們就被拉回來，然後靈魂重新進入身體。

我的個案曾告訴我，有時在正要醒來之前，他們會經驗到短暫的麻痺。這個情形發生在靈魂還沒完全回到身體前，個案就突然驚醒（被很大的噪音吵醒等等）。這是因為身體和靈魂的連結還沒完成，因此導致的暫時麻痺。麻痺的感覺通常很快就會消失，並不需要害怕。

朵：如果靈魂留在身體外會有危險嗎？

S：我們的理解是沒有危險。如果那個人沒有回來，那會是他或她自己的選擇，而不是因為某個惡意或有害的能量把銀線切斷。

朵：也就是說，他們不會迷失，不會找不到路回到身體。

S：對，我們不認為會這樣。

朵：那麼他們絕對是和身體連結，是直到了死亡的那刻，銀線才被切斷？換句話說，銀線就像臍帶？

S：這麼說完全正確。

朵：如果死亡是發生在靈魂出體的時候，我們會說這個身體的死因是什麼？會是心臟病發嗎？

S：你問的是身體的症狀。嬰兒猝死症通常就是這個情形。也有些人因為年紀大了而選擇不回來，因此被發現在睡夢中死亡。

朵：是心臟病發嗎？

S：不是那麼回事。心臟病是因為身體疾病所引發的死亡，不是我們這裡所指的情況。我們說的是在睡夢中死亡，這可被稱為「自然原因」（壽終正寢）。

朵：所以如果驗屍的話，找不出任何原因？

S：沒錯。

朵：那麼那些死於自燃的人呢？這可是無法解釋的謎。

S：那是因為你們體內系統的化學物質不平衡。人類身體透過非常緩慢和控制的過程，確實會燃燒食物。像自燃這樣的死亡是身體體液氧化燃燒所導致。這往往是遺傳因素造成身體的化學物質組成不平衡。譬如說，身體系統裡有太多的磷。

人們在靈界的時候，會為了重返因果之輪的地球而擬定計畫。他們會擬定希望在來世實現的事，也會跟即將來臨的人世裡有重要互動的靈魂有所約定。「離開」計畫也是合約裡的一部分。每一個人都計劃好了他們這一世的「出口」，也就是離開人間的方式。我發現，每個人都是在時日已盡才會死。沒有什麼死是意外，那只是靈魂選擇了怎樣的方式離開。

當靈魂完成了來這裡要做的事，也就是他們邁向存在的下個階段的時候了。我也發現，短時間延緩死亡是有可能的。然而，當約定或安排的時候到了，靈魂就會選擇離開。當然，當事者的意識對計畫的這部分並沒有記憶，因為當我們來到這一世，我們會被遺忘的面紗籠罩，所有的靈界記憶都被移除。潛意識／高我曾經說過：「如果你知道答案，那就不是考試了。」因此我們必須在意識上忘記我們的靈魂計畫。

朵：那些集體死亡的人呢？有很多像是火車意外、屠殺、地震等讓好些人同時死亡的事件。他們都是選擇在同一個時候離開嗎？

S：你知道個人業力的概念，而確實也有所稱的「群體」業力存在。長久以來，就有靈魂傾向以團體的方式來執行特定的工作或促成改變，或是在團體裡體驗人生，就像你傾向在個人基礎上體驗一樣。這些「集體死亡」就只是個別的靈魂一起在某個特定時刻過渡到「另一邊」；那是他們對死亡的體驗和學習。他們是在最適合他們同時離開的時刻離開。

朵：他們在進入這一世之前就同意這麼做嗎？

S：沒錯。因為他們在這樣的集體過渡中找到了支持。他們共享經驗，因此在轉換層面時不是孤單的。有許多案例是一起出生，因此一起死亡並不是不尋常的事。

朵：因「挑戰者」太空梭意外死亡的太空人就是這樣的情形嗎？

S：的確是這樣的例子。他們同意了要一起經驗死亡。

朵：可是當事件發生時，他們的家人和全世界許多人都很難過，如果他們是在實現他們的命運，為什麼我們不能為此感到開心？

S：或許在看待這些事件時，眼光沒看得那麼遠吧。你們想的是死去的個體，然而事情不是如你們所想。這中間牽涉了許多要素。當這類情況發生，生還者會聚集在一起分享經驗。當看到別人也有同樣的哀傷，對個人來說，這個經驗會比較容易承受，因為知道其他人也正在體驗同樣的事，所以這在許多層面都是群體的經驗。

許多個案描述離開身體後，他們朝向在隧道底端的耀眼光芒或什麼的前進。這些描述也同樣出現在瀕臨死亡經驗的報告裡。我的一位個案說這個白光是很強的能量場，它是我們的物質世界和靈魂界域的界線。當瀕死經驗發生時，個案會向白光前進，但在進入前就會被拉回來。他們事實上是處在瀕死狀態，但並沒有完成過渡。他們去得不夠遠。

當我的個案重新經歷前世的死亡經驗，他們會穿越白光，穿越那個界線。在那個時候，強烈的能量會切斷銀線，也就是連繫靈魂與肉體的臍帶。當銀線被切斷，靈魂就無法越界再重新進入身體裡：身體與靈魂就此分離。沒有了與生命力（靈魂或心靈）的連結，身體狀態很快就開始惡化。

# 第二章
# 迎接者

在死亡後，某些靈魂似乎會有一段困惑期，但不是所有靈魂都會有這樣的體驗。這主要是看死亡是自然還是無預期地突然發生。我發現的主要一件事，就是經歷死亡後，沒有一個人是孤單的。

S：你有時候會不確定自己在哪裡，你不知道自己是在肉體層面還是靈界，因為有一些感覺是類似的，但它們並不一樣。你試著去弄清楚是怎麼回事，還有自己究竟在哪裡。會有一段適應或重新適應的時期，有的靈魂會感到困惑，他們想知道該去哪裡，但他們不需擔心，因為馬上就會得到協助。通常跟你在前世有密切業力連結的靈魂會出現。也總是會有一、兩個或更多還未轉世的靈魂在現場。他們會在那裡迎接你。你因為前世的連結會認出他們。另一個會造成疑惑的是當你跨界到靈界後，你對你的過去世和業力關聯的全部記憶開始開啓，所以你會認出那些靈魂。你首先會認出的是你剛離開的那一世關係，接著你會記起你曾經跟他們有過的其他世關係。那是你在靈魂層面憶起你所有業力的過程，這樣你才會瞭解你這世剛剛完成，還有當你再度回去地球時仍需努力解決的事。

朵：那麼當人們死去，會有人來迎接的事是真的了。

S：是的。如果可能，通常是他們生命裡某個特別的人去迎接；如果那個人還沒轉世的話。會是他們能夠認同，而且有吸引力量的某人協助度過過渡期。

朵：可是很多時候人們死得很突然或是死於暴力，他們並不知道自己死了。這樣的情形是不是比較容易困惑？

S：對，這是事實。所以在靈界迎接他們的幫手就必須向他們解釋這是怎麼回事，並幫助他們度過這個階段。

朵：當身體死後，靈魂被迎接到了靈界，它們通常去哪裡？

S：去學習的層面。並沒有什麼主要的地點，就只是一個存在的狀態。通常這時這個靈魂會跟許多的靈魂互動。在學到下一世所需的東西之後，靈魂會向靈性大師諮詢並開始為下次的轉世做準備。靈魂會諮詢在哪種情況回去對成長最有幫助，也會討論和哪個靈魂互動會對大家最有益。

朵：你曾經聽過「休息地」嗎？

S：是的，如果你指的是我現在要描述的，那是一個為受傷的靈魂或痛苦死亡的靈魂準備的一個特別的地方，他們在那裡休息和恢復，接著才和其他靈魂相聚或再次投生為人。

朵：有些人相信當你的靈魂離開身體時，耶穌的靈魂形體會跟你接觸並指引你。

S：這是絕對可能的。然而並不是非得如此或所有的情形都是這樣。如果那個要死去的人要求或渴望看到耶穌的能量，有時就會發生，而那實際上是耶穌能量的顯化。因為耶穌祂已經這麼說過，祂的幫助將是這個過程的一部分，而且祂的幫助是提供給每一位選擇將自己向這個能量開啓的人，不論他們是否在肉身。這對其他信仰或宗教的人來說也是事實。如果他們對某個特定存有具有深切且長久的信仰，那個靈魂能量便會在那裡協助他們安渡死亡的跨界過程，如果這是他們的渴望。

朵：也有人相信在靈界有個讓靈魂沉睡的地方，因為他們死時相信他們必須休息，直到耶穌再臨並讓他們復活。

S：你期待發現或創造怎樣的實相，你就會看到那樣的實相。如果他們預期醒來是在一個嘉年華會，那麼那就是他們會體驗到的。只要他們相信，任何事都有可能。在你們所稱的「身體」死亡後，會有許多事可能發生。當身體死亡——靈魂永遠不會死——如果是溫和的死亡，會有一種輕鬆、釋放、美妙和自由的感覺。通常一個人希望死後出現的事物就會出現。如果他們預期會看到指導靈或友人協助他們走向光，那就會是他們將看到的。如果他們對於下地獄和地獄之火深信不疑，而且覺得自己罪有應得，那也會是他們所感知到的。死後世界的體驗大多是基於那個靈魂在死前的準備。但通常他們會看到之前跟他們親近的人的靈魂，許多時候，會有另一個靈魂前來指引他們到一個療癒的地方，因此他們不會感到困惑並且會明白發生了什麼事。靈魂或許會因為已經有段時間沒到「另一邊」而覺得困惑。迎接者會幫助他們不再疑惑，並幫助他們找到想去和需要去的地方。因此，如果前來迎接者是他們認識的人，他們便不會恐懼，因為恐懼會令他們受到驚嚇。有些人如果經歷的死亡很痛苦，他們會進入很深很深的休息期，直到他們可以處理身體已經停止存在的事實，但這樣的覺醒會非常緩慢。我們不要靈魂在茫然狀態下徘徊。他們會危害到自己和他人。

朵：會這樣嗎？

S：沒錯，曾經發生過這樣的事。因為他們不知道自己在哪裡。他們在驚慌中這麼想，「我一定要回去，我一定要回去。」因此傷害到自己。他們由於不接受所發生的事，因此緊守著死亡的地方。

朵：如果他們能離開和安息會比較好？

S：對，因為這樣他們就能慢慢醒來，知道所發生的事是好的，而且妥當和自然。震驚和創傷就會消散。

朵：當死亡經驗很痛苦，死者所愛的人也會來迎接嗎？

S：是的，有時只是帶他們去可以休息的地方。但有些你認為的痛苦死亡在這裡不一定被認為是如此。你或許會認為許多軍人的死亡是創痛的，然而有時他們是最能接受所發生的事的一群，或許比死於生產的人更能接受。

朵：我想這要看是什麼情形和那個靈魂而定。

S：是的，很大程度是這樣的。

看來從「另一邊」持續回到地球是一個既定的模式。在我看來，如果有人是在一個沒有死亡的地方，他們自然會想永遠待在那裡。我想到地球上的人一直在尋找永生的方法。

S：不會，你很快就會覺得無聊了。如果你三年級的課結束了，為什麼要一輩子都留在三年級呢？那樣是很安逸，但你就學不到東西了。

朵：就不會有挑戰。

S：沒錯。為了進步，死亡是必要的。如果沒有死亡將人們帶到靈界，就會產生停滯。這個持續的過程最適合學習許多資訊。如果你要學習的課題已經完成，你就能擺脫教導這些課程的經歷，繼續學習更高階的課程。就像爬樓梯一樣，越上一階就比下面一階有更多的覺察。隨著新經驗的需要，產生舊經驗的環境就會被摒棄。你會想在你三年級的教室上四年級或六年級的課嗎？還是在一個新環境以一個新的心智開始會比較好？如果你被留在同一間教室，你的想法可能還是一樣。心智架構也是非常重要的。

朵：我想對地球上的許多人來說，是這樣沒錯。有時他們若停留在同樣的環境就不會成長。你是這個意思嗎？

S：完全正確。

朵：他們需要新的刺激，新的地方，新的環境。

S：新環境對進步非常重要。那些會提醒你過去的事物，也會限制你對未來的展望。

S：有些人認為死後並沒有生命。（她笑了笑）但只要事物一旦存在，那個存在的能量就無法被摧毀。為什麼相信肉體死後還有生命會這麼困難？你無法摧毀電這樣的東西，因為能量永遠存在，雖然是以不同的形式。為什麼他們認為能量不能被毀滅，而人類的心靈和靈魂卻可以？人類的靈魂就是能量——它不是別的東西。靈魂不僅是居住在身體裡的東西，它是能量。對人格的正確看法也是跟能量一樣，因為這就是創造的真相——所有一切都是能量。有些能量形式是在較低的層次，就像你周遭的物質／實體世界，然而它們也是能量，而且可以透過簡單的轉換程序來表現，像是火。所有的物質，事實上都是能量，只是顯化在比較低階和原始／基礎的形式。因此你可以把自己看作是能量的純粹生命體，事實也就是如此。並沒有所謂物質（matter）這個東西。那只是用來描述在「實體」世界裡顯而易見的事物形態。

S：死亡帶來許多恐懼。無論如何，死亡是強大的否認者，是最大的虛假。它是最多人想到，卻最不去談論的主題。人們並不需要害怕死亡，因為隨著肉體的死亡，會是遠超過這個星球所能想像的生命。然而，我們會告誡那些以不恰當的方式否定生命的人，自殺這類行為將會產生相對的能量跟著到「另一邊」。因此他們在「另一邊」也必須處理這個問題。在命定的時刻來臨前，放棄仍活著的身體，永遠不是，也不會是適當的舉動。這是不被容許的浪費。

朵：我在努力讓大家明白這一切，這樣他們對這些事才不會這麼害怕。

S：是的。你將遇到的主要問題並不是恐懼，而是哲學上的教條。

朵：你是指在解釋的過程嗎？

S：哲學教條讓人們封閉心智。譬如說，有著不同信仰和教義的人會發現他們很難理解我剛剛解釋的一些事。

朵：你是指那些從小在天堂和地獄的信仰下長大的人嗎？

S：是的。還有那些從小在靈魂只有一次生命的信仰下長大的人。那個想法很蠢，但卻是他們相信的。

朵：對，他們認為生命就這麼一次。有些人不能接受他們已活過一次以上的觀念。

S：相信自己可以活兩次或更多次，會比相信只活一次還困難嗎？

朵：有些人就是有困難接受這樣的觀念。

S：只有在你那一邊（指地球）的人吧。這是為什麼那麼多人會有憂鬱症的原因。因為他們覺得自己把唯一的機會搞砸了。如果他們意識到他們有許多機會，每一次都能盡力而為，他們就能不因所犯的錯誤而感覺糟糕。他們可以下一次把事情做對。

朵：他們只要在這一世盡了力就好。我覺得你說的很有道理，但有很多人並不瞭解。

S：很多人並不想瞭解。他們害怕去想這世之後的生命，或許是因為他們這一世生活得很痛苦，因此認為縱使還有來世，那也會是持續的折磨。許多教會不想人們相信在這世之前或之後仍有生命，因為這會讓他們難以操弄恐懼，因而無法再控制人們。所有偉大的思想學派的領導者都知道，生命在這一世之前和之後都繼續存在，然而為了「控制」，所以這個知識對一般大眾封鎖。甚至印度的思想學派也使用這樣的控制在不同的方面，他們說：「這個人因為前世所做的事而現在受苦。因此，我為什麼要幫他？是他自作自受。」他們使用跟基督教或其他宗教同樣的手法。你必須記得，不是所有說他們站在宗教這邊的都是像他們所說的。他們或許被事物的黑暗面所扭曲，而他們自己並不知道。人類已經從《聖經》拿掉許多東西並且加上自己想加的。他們不以為意，他們認為，「這是我希望《聖經》上說的，所以它就是這麼說的。」

朵：當提到這類事，當你試著跟大家說《聖經》在歷史上已經被改很多次的時候，人們似乎會感到恐懼。

S：這些事會讓他們思考，但許多人很害怕自由思考。當你拿走他們這生一直相信的東西，然後說事情跟他們相信的不一樣，也或許他們的父母在不知情的情況下對他們說了謊，你就是在拿走他們信仰的基礎。而人類如果沒有可以相信的東西，他會無法生存，即使是相信什麼都沒有。人就是一定要相信某個東西。

朵：換句話說，他們是害怕不同的思想學派。

S：當耶穌說祂來實現預言時，人們也這麼說祂，說祂是錯的，說祂瘋了，說祂不知道自己在說些什麼。每當有人帶著不同或不尋常的東西出現，就會嚇到某些人，然後他們會對此說些不好的話。現在我們所說的這個知識需要被教導，因為人類必須學會沒有恐懼，這樣他才能成為他想成為的人。有人需要知道這些事，這將在他們心中激起火花，他們會認知到這是事實。這也許會幫助他們找到他們的路，成為他們想要和需要成為的人。這些人很重要，因為他們最後會帶引足夠的人與他們一起。記得，當時只有很少的人相信耶穌的訊息。然而，看看現在的世界，現在這個世界的大多數人宣稱，至少是對外聲稱信仰基督教。真相已經被封鎖了許多世紀，現在是真相重現的時候了。

# 第三章
# 瀕臨死亡經驗

我所得到的死亡經驗資料並非全都來自催眠。偶爾也有人會告訴我他們的瀕臨死亡經驗。這個名詞是透過雷蒙．穆迪醫師（Raymond Moody）和伊麗莎白．庫伯勒．羅斯（Elizabeth Kubler-Ross）醫師的研究而被人熟知。它指的是某人事實上已經死亡並且進入「另一邊」的門戶，但被先進的醫學科技帶回我們的世界的現象。人們跟我敘述的故事跟其他研究者所發現的一樣，而且也跟我在工作中獲得的資料相似，只不過那些人是回到世上報告他們的經驗，而我的個案則是留在靈界，直到轉世到現在這一世。我的個案帶著記憶，但這些記憶深埋在他們的潛意識，只能透過回溯催眠的方式取得。

我將要敍述的瀕死經驗案例有許多典型的部分。一位友人向我介紹梅格，說她有個奇特的故事要告訴我。她因為怕被取笑，還沒跟很多人說。這個經歷非常個人和私密，她覺得很多人絕對無法瞭解此事對她的重要。她覺得這個經驗永遠改變了她的人生，她從此不一樣，也再也不會一樣了。她相信這是為什麼她被允許保有這個記憶的原因。每當她猶豫不決和面對壓力時，這是她可以使用的禮物。她解釋，這個記憶已經永遠銘印在她心裡，她並不需要透過催眠來重新憶起。雖然她對某些細節的印象可能有些模糊，但她知道她永遠不會忘記，也沒有人可以說服她此事不曾發生。這件事是她人生的轉捩點。

梅格是四十多歲的成熟女性，已婚，有七個孩子。她從沒讀過有關瀕死經驗的書，也從來沒有接觸過我的著作。她的興趣廣泛，生活多采多姿，但自從有過那個奇怪的經驗後，所有發生的事都在強調它的重要性。那個經驗持續影響她生活裡的一切。

我們在朋友家碰面，她坐在一張舒服的椅子上向我和錄音機敘述她的故事。我對於她要求準確並且小心避免任何修飾的態度印象深刻。她覺得她必須正確敘述，而且她也清楚記得許多細節。梅格同意我把這個故事寫在書裡，但我必須讓她匿名。

以下是她用自己的話敘述的經歷。

事情發生在一九七八年，大約是十年前我接受手術的時候。我原本該在六月開書店，但在一次例行的身體檢查，意外發現我的肺有病變。醫生無法確定是惡性還是良性，所以我必須進行肺部手術。我得說，在手術前我直覺我並沒有癌症，而我對這個手術的感覺不是那麼好。這是我唯一能形容的方式。

我的童年生活很一般。我曾經去過好幾個不同的教會，然後就都沒去了。我去過各種像是公理教會和路德會等等。當家裡搬到鄉下，我跟隔壁鄰居去浸信會，但我並不是在基本教義派的環境下長大，事實上，是很寬鬆的基督教背景，寬鬆到我並不常去教會。當我嫁給我先生，我跟著他去他的新教聖公會。這又是很自由的信仰關係，一直到今天都是如此。我想，在這過程中的某個階段，我得到了結論：我正成為一個不可知論者（agnostic，譯註：主張不知道神是否存在，一種哲學觀點，認爲形上學的一些問題，例如是否有來世、神是否存在等，是不爲人知或者根本無法知道的想法或理論），或甚至無神論者。但我想，由於自小的信仰習慣，我並不是真的敢變成一個完全的無神論者。（她笑了）

我要你知道我在手術前一晚躺在醫院的情形。我那時真的以為自己大概過不了這關了。我進行了我認為可能是我最後的禱告。我對著黑暗低語，「我不知道祢有沒有在那裡，但如果祢在的話，我這生已經盡力了。」我試著回顧一切，看看我在靈性上是否忽略了什麼沒做到。然後我說：「我不認為祢在那裡，但如果祢在的話，我真的需要幫助。」我轉身面向牆壁，「我很抱歉我沒能有更多的信心，但這是我所能做的了。」

總之，我順利度過了手術，但因為太痛了，我的感覺很糟。太痛了，我所能想到的就是，「什麼時候打下一針止痛？」我說這些是因為我認為我必須誠實。我的意識一直不是很清楚，他們給我的是德美羅（Demerol）止痛劑。所以那些懷疑論者可以說：「哦，她有用止痛藥。」這沒關係，懷疑論者反正會說他們想說的話。

大概是我在加護病房的第三天，在我睡著時，突然間感覺自己往下到了一個很長很暗的峽谷。我感到非常非常溫暖，非常非常安全，但那是我看過最暗的峽谷。它們就像在遠距外的峭壁，然後突然一下子變得很近。有一刻這些峭壁不是黑色，它們幾乎像是橘色，而且上頭有光忽隱忽現。我知道那跟靈魂有關，但我不記得是什麼了，然而那是很溫暖很安全的感覺。

當我朝下走向峽谷，我看到前方有個霧氣籠罩的地方。當我到了那裡，我可以看到某種岩石組成的屏障將通往峽谷的入口完全阻隔。你無法繼續走下去，那裡的空間勉強只能擠進去。到處都是霧氣，一片朦朧。

然後，我看到有人站在那裡。兩個男人和一個模糊的身影。突然間，我認出了那個身影是誰，然後他就不再是模糊的身影。這很有趣，不過他看起來像是金懷得（Gene Wilder）在電影《歡樂糖果屋》（Willy Wonka）裡的樣子。他有著那頭完美的捲髮，穿著白色滾邊的西裝。我第一個想法是，這是怎麼回事？然後突然間，我意識到我要死了。我在當時有那麼一刻的確感到恐懼。

接著這個穿西裝的人說：「你就要死了。」話就是這麼說的，「你就要死了。」然後我意會到他就是「死亡天使」。他沒說，但我知道。我心想他確實令人有點害怕。但當他說：「你就要死了。」的時候，他說得好親切，我一點都不害怕。我就是一點也不怕。他很親切，而且很勝任他的工作。這一切令人難以置信。

我記得自己那麼想著，然後點頭說：「我知道。」我接下來可能會說得有些混亂，因為我當時同時在接收訊息，這些訊息就像是一種印象。當有人說了什麼，我就照著把他說的說出來。我第一個想法是，「死後真的還有東西！真的有！」我非常震驚。我不斷說：「可是死好簡單。好容易。就好像從這個椅子起來，坐到另一個椅子上一樣。」

這幾個人點頭同意。其中一位說：「對，不過要到那裡很難。」我不明白他的意思，但他就是那麼說的。接著穿西裝的說：「你現在有一個選擇的機會。」然後我想到好幾件事，其中一個是——「死神就像舞者」。這是個奇怪的想法，但我在以最真實的方式描述我當時的感覺。我在那刻有個印象，我不會每次都可以有選擇的機會。我也有不是每個人都會有機會選擇的印象。這個機會只發生在這個特定的時候，在這個時間點。接著我有「死亡天使」並不是眼前這個存在體永遠的身分的感覺。我感覺他是在出任務，而他不會一直都是這個任務。

那裡還有其他模糊的影子，我感知到他們是來幫助我。因為「死亡天使」說：「你想要留下來還是想走？」留下來表示跟他們在一起，走是表示回去。這跟我們一般認為的不一樣。是反過來的。「你想要留下來還是想走？」我知道那裡很美好，我想要留下來。（語氣興奮）於是我說：「我想要留下。」

我不記得他是怎麼措詞的，但他說：「在你決定前，有幾件事你需要知道。」然後他們讓我看到我的母親，她正在哭泣。他說：「你媽媽會非常傷心。她會被擊垮，她在傷心中會毀了她身邊的人。」我很確定他指的是我父親。我感知到她的人生在那刻就等於結束了。而因為他對她的愛，他的人生也等於結束了。但我說：「喔，我想要留下來。」因為我意識到時間在那裡非常之快速，所以這沒什麼大不了的。他們很快就會來這裡，當他們到了這裡，他們就會瞭解了。

我也意識到另一件事，那就是不論我選擇什麼都是對的。那裡絕對沒有評斷或譴責，我所選擇去做的就是正確的。接著他們讓我看到我先生。他邊哭邊說：「我從來不曉得我是愛她的。」這很符合我們婚姻當時的情況。我看到這對他會很難受，但我說：「我想要留下來。」因為我知道很快地，大家都會在這裡，然後他們都會瞭解。

接著死亡天使說：「你的孩子們不會有事，但他們的表現會受影響，不會像原先一樣。」

但我還是說：「我想要留下。」我知道我的孩子會沒事，也許他們的表現不會比我在的時候好，但他們還是不會被擊垮。留在那裡依然是最吸引人的選擇。接著，死亡天使說：「好，那你必須盡可能地接近你的孩子。」換句話說，要接近人間的邊界。我被告知我必須指導我的孩子。我很訝異，因為這不是我想做的事。我想來這個快樂的地方學習。我不知道我是怎麼知道我可以在那裡學習，但這個想法就是進入了我的腦袋，然後我就知道了。

我從來沒看過那裡，但當這些人開口說話的那剎，我就知道那是我想要待的地方。我就是知道那裡會有一切的答案。答案，我是這麼想的。在那裡可以研究，在那裡有答案，在那裡可以成長。這些都是很直覺的感覺，我就是知道那是我想留下來的地方。我確定自己不想離開，不想回到一堆問題裡。我想要在那裡。但我那時很不情願地說：「嗯……如果我必須離人間很近，那我就不如回去好了。我是有責任。比起要在這裡試著接近和影響他們，我在那邊可以處理得好些。」於是我說：「好吧，我離開。」他們看起來都對我的決定感到滿意，雖然在那裡並沒有評斷或譴責。

我感覺自己開始被拉了回來。我看到那些較小的人影低聲說：「她要走。她要走了。」我不記得他們是消失了還是跟到了邊界。我想他們是到了邊界。然後我意識到他們之所以在那裡是為了幫助我跨界，但因為不需要了，他們便消失了。接著我開始被拉回來，就像我離開身體時一樣。其中一位開口說：「在你走之前，我們想要你知道一些事。」

我立刻到了另一個地方。我已經不在隧道裡。我到的地方有點像後院，那裡有一群人圍成一圈。我後來一直在想到底有多少人坐在椅子上圍成一圈，我會說可能有八或十個人，有男有女。我意識到他們是我的議會。然後我知道每個人都有他的議會，議會對於在地球的靈魂有責任。他們讓我想到鄉下的主日學校下午在教會院子的聚會。我看不到這些人的臉，但有一個像是在指引我。我記得他捲起的白襯衫袖子和露出的手臂，就像溫暖夏日的星期天聖經課的畫面。

他帶我到樹下一位黑皮膚女子那兒，然後他有點像是在拉扯她的皮膚。（她做出用大姆指和食指捏住前臂皮膚的動作）然後說：「這個一點也不重要，這個皮膚。毫不重要。它只是小小的覆蓋物。無關緊要，很可笑。」然後他們兩人都笑了。我想著，「為什麼他告訴我這個？我知道啊！」

接下來的畫面是……我們站在路上，至少有位顧問跟我在一起。有兩個印度人面貌的年輕男子走在路的前方。他們在那裡的目的是要讓我看到自己。我站在那裡，突然間我旁邊站了我自己。我看到一個美麗、大而明亮的不透明球體閃爍著光，我知道那是我。然後我開始走動，我走進了自己，走進了這個光的球體。（她用手勢表示從球體上方進入，穿越其中並從底部出來。）我知道當我出來後，我就會有所有我要的答案。我會認識我自己，而我也確實認識了自己。但當我進入球體，我先是往下降。我整個人像是沉浸在乳白色的光，我被光洗滌，感覺非常舒服。我心想，「我現在隨時都會到達中心。」我很快就穿越了中心並從另一邊往下出來。我知道當到了中心的時候，可是中心就跟外圍／邊緣完全一樣。接著我又意識到自己在邊緣，經過了中心又再出來，球體的中心就跟外圍一模一樣，是完全同樣的組成。當我出來之後，我認識了自己。然後我站在那裡，感覺尷尬，我覺得自己像是赤裸的，因為我完全知道自己，知道自己的好，知道自己的壞，但我沒有批判自己。我說：「我必須努力解決那個問題。」而他們也很清楚我。他們完全認識我。他們微笑，點頭。很好的一點是那裡沒有譴責。完全沒有。沒有批判和評斷。

我對接下來的記憶有些模糊。我不記得是先發生了什麼事。我記得我往上看，天空突然暗了下來，天上佈滿星星。有些很巨大，有些中型，有些很小。它們的光彩不一，但並沒有哪個會把別的比下去或令它們黯然失色。即使有個很小的星星正好在很大的星星旁邊，你還是能清楚看到它們兩個。我知道那些星星就是靈魂。我說：「好，我的星星在哪裡？」然後有人說：「在那裡。」我往後看，看到了我的那顆星。它才剛從地平面升起。接著，突然間，我就在那裡了；在我的星星那裡。我感覺自己像是被織進了星空裡。在那一刻，我知道我們全部都是連結的，而且不論發生什麼事，我們都不會被毀滅。即使有東西扯破了結構，它還是撐得住。我知道我不會被毀滅，也不會有任何人被毀滅。我會是我一直所是的。

下一幕，我回到草地，站在路邊。我望向灑滿陽光的草原，那裡有片小樹林，樹林對我是象徵性的景象，但我意識到那裡面是生命之樹。突然間，從這片樹叢出現了巨大的閃電球體。我看著它飛越草地，直直地擊中我。（她把手放在胸口的心臟部位。）我無法呼吸，感覺像是整個人都被吸乾。接著我感受到全然、純粹、無條件的愛進入了我。簡直難以置信。愛進入了我的每一個細胞，令我幾乎無法呼吸。除了愛，我無法給出任何東西，因為我就是由愛組成。愛接管了我身上的每一個原子。然後我開始回來了。有個人，可能是我的顧問，對我喊道：「留在婚姻裡。你注定要在婚姻裡的。」我是這麼做了（語氣無奈）。

我回來了。我醒了過來，看到加護病房的護士以非常關切的神情靠向我，她看著我。我心想，「不用擔心，我沒事。我還沒要死。我不會再離開了。」我也想著，「喔，你不會知道我去了哪裡。」

接下來的幾天，我沒有告訴任何人這件事。

接著我和梅格討論她可能正瀕臨死亡，以及護士也許是看到了儀器顯示的數據或她的肢體動作。當梅格被閃電球體擊中的那刻，很可能就是她的身體重新恢復生命的時候。她在被震擊後立刻回到了身體。這跟對停止心跳的病人執行電擊有同樣的效果。

毫無疑問地，大家對這個故事一定會有是否真實發生過，或是因藥物而產生幻想的爭辯，但梅格的內心沒有這樣的爭議，她知道那是真的。她敘述這件事的時候，聲音裡沒有半點疑慮。她很清楚這是事實，因為這件事從此改變了她的生命。

就如梅格所說：「也許有些人必須要到快失去生命的時候，才會找到生命。」

†

以下是梅格的後續故事：

在告訴我這個故事後，梅格和我成了好友，二十五年來我們都保持聯繫。瀕臨死亡經驗對她的人生有非常深遠的影響，她總是跟她先生說，如果她快死了，就讓她走吧。她不想被急救方式或維生設備救回來。許多曾有瀕死經驗的人都有這樣的想法。他們再也不害怕死亡。他們曾經看過「另一邊」，當時候到了，他們很渴望再去那裡。

許多年後，梅格因癌症在醫院病危。當她的生命跡象停止，她的先生情緒失控，要求醫護人員搶救梅格。梅格被救了回來，但她非常生氣。她又一次到了死後的世界，她並不想回來。她堅持不要再被救回。

梅格躺在醫院，她越來越痛，但已經找不到血管可以打止痛藥。某晚，有個年輕的男護士進到房間，溫柔地將靜脈滴注器透過梅格的無名指和小指間的小血管注射止痛藥。我的女兒茱莉亞是有二十年經驗的護士，她說那裡不太可能會是靜脈注射的地方。

梅格有好幾天的感覺好了許多，直到必須更換靜脈滴注器。她堅持他們找那位年輕男護士來換，因為他處理得非常好。醫生堅稱他們的醫院沒有任何男護士。

所以，那位溫柔為梅格緩和痛苦的年輕男子是誰？來自「另一邊」的靈魂？她的守護天使？不論是誰，他絕對不是來自這個實體地球。他幫助了梅格比較舒服地離世，因為幾天後梅格在睡眠中走了，在任何人來得及再把她帶回這個世界之前。

我並不為梅格哀傷，因為我知道她現在是開心的。她是瞥見死後世界的少數人之一。即使只是短暫片刻，她看到的世界是如此美好，她知道她不會害怕回到那個地方。

# 第四章
# 學校

我去過有趣的靈界很多次了。那裡是人類最害怕，也是浮現這個永恆之問的地方，「當我死的時候，我會去哪裡？」每個人都想知道自己會發生什麼事，人格是否會被徹底遺忘還是持續存在？即使是最虔誠和篤信宗教的人仍然有他們的不確定。

我並沒有全部的答案，但我相信我可以透過在回溯催眠所得到的資料提供協助。即使是被深度催眠的夢遊者也無法告訴你他們不知道的事。然而，當你從許多不同的人口中得到同樣的敍述，你就必須假設它是有真實度的。也許它們聽起來有道理是因為大多數人真的很想相信死後世界是一個平靜和令人滿意的地方。

我個人覺得人死後留在地底，直到耶穌復活或審判日那天的觀念令人反感。永遠飄浮在雲上彈奏豎琴也不是我對天堂的想像。我想那樣很快就會讓人覺得無聊了。也許我之所以覺得學校的概念吸引人，是因為我那永不滿足的好奇心和我對知識持續不斷的探索。

不論死後世界是什麼情形，我認為接下來的內容給了我們最適合的說明，而也許，只是也許，它也提供了一些煩惱人類已久的問題解答。

很多時候，當我催眠個案時，他們並不會回到某個人世。他們的答案顯示他們是在轉世之間，在不同的靈界層面或階層和別的地方。其中最常見的是學校。我於是要求他們描述。

S：這是知識的學校。我看到大廳。它有很高的柱子，全都是白色的。很亮，我要怎麼解釋？光來自裡面也來自外面，來自一切。光在閃耀。

朵：你的意思是像陽光嗎？

S：沒有那麼亮，可是更……持續。這裡感覺很寧靜，很平靜。很棒的一個地方。

朵：這個知識學校在哪兒？

S：就在這裡。跟我們所知的地球在不同的頻率。它在不同的存在層面。

朵：它跟地球沒有關聯嗎？

S：我們在這裡瞭解我們所做的事，在這方面它跟地球有關，但也就是這樣了。

朵：你說這裡有個大廳；所有的課都是在大廳上的嗎？

S：不是，這裡有教室。我想這個大廳像是主要的走道。你在這裡可以看到你想看到的一切。只要觀想，就會看到。你可以把它想得很好或很糟，隨你。如果你良心愧疚，想讓自己受苦，你也可以這麼做。你可以讓周遭是你想要的樣子。某些層面，包括我現在所在的這個層面，就像是在地球的較高層面，所以這裡的地形跟地球類似，但是這裡的能量層級更細緻。我的意思是，這裡有山丘，山脈及溪谷，但它們可能不是跟在地球的位置一模一樣。這裡有綠色植物，但顏色更濃和純粹。在這裡你也可以有建築物之類的東西，但它們的能量構造往往會被影響而呈現出特定的影像。

朵：在那裡的其他人看得到你現在看到的東西嗎？

S：是的，山脈和綠色植物是大家在這個層面會看到的景色。這是地球，可是是在不同的能量層面。由於是在不同的能量層面，管理能量的法則也不同。地面和山丘都是實體，樹木和動物也都真的存在，它們確實在這裡。這裡就像是我將要再去的轉世層面。但由於能量法則不同，其它東西可以用人工建構。

朵：每個人都要顯化出這樣的環境，還是它一直就是在那兒？

S：它一直在那裡。只是個人感知的問題，看你有沒有感知到。

朵：你的意思是有人可能到了那裡，但是沒看到你看到的同樣景物？

S：不是，我說的是在肉體層面的人。他們感知不到，因為他們感知到的是較為低階或低層的事物。

朵：這個地方相當於有些人所說的「天堂」嗎？

S：不是。這裡大概是他們所指的「樂園」。我在區分天堂和樂園，因為樂園表示的是一個完美的地球。但沒有那些存在於人世的破壞與衰敗。而天堂指的是存在的更高層面，靈魂直覺知道的地方，雖然人間的字彙和概念無法清楚表達。天堂指的是一切事物都是能量的那個更高層面。而樂園指的是這些所謂「較低」層面（指低於天堂），卻依然類似地球的地方，一個較高層面的地球。

朵：那麼每當有人說去了天堂，他們去的是一個較高的層面，在那裡並沒有……「畫面」？那裡都是能量，還是他們的周圍是有景觀的？

S：嗯……那裡主要是能量和能量的操控。不過當人們談到瀕臨死亡還有去天堂的事，他們事實上去的是樂園，因為一切必須依序進行。事情也必須依序被感知和理解。你們必須為更高的層面做好準備，這樣才能更完全融入這些層面。

朵：可是在人們所知為天堂的地方，那裡會是一片空白，還是有景色、建築物或什麼的？

S：不，不是建築物。你的感知會是不同的，所以你可以看到能量。那會像是難以置信的北極光。在那裡你本身就是能量，所以你能操控能量完成各種事並且讓事情發生。當你是在更高的層面，我們所稱的天堂，你很容易就看到較低階的層面，你會看到物質層面，知道是怎麼回事。看到東西不是問題，而是你看的是什麼層面，看到的是什麼。那裡沒有所謂的邊界，因為並沒有地平線。

朵：可是你說人們死後不會馬上到那裡。

S：沒錯。通常一個人死後，會有一段過渡期，他可以在那裡適應已經不在人世的事實。當適應了這個事實，他就可以依照靈魂的進化程度，自由地在可以通往的層面之間移動。

朵：現在有任何人跟你一起在學校裡嗎？

S：大概有五十個人在我的……教室。還有其他人，不過我們跟他們沒太大關係。他們在處理別的問題。他們有必須學習的其他課題，而且他們必須接受。我認為我是在等待。我知道我會回去。我在這裡學習，我可以看到並評估當我在地球時發生的事，因為我現在不會被人世的影響所妨礙了。

朵：當你學習的時候，你是完全靠自己還是有別人幫你？

S：沒有。如果我需要的話，我會找人幫忙。如果我尋找或要求，或提出疑問，就會有協助和解答。

朵：是誰在教你？

S：大師們。每班都有幾個大師。他們教你了解自己。

朵：那些人看起來是什麼樣子？我的意思是，他們有衣服嗎？

S：他們在這裡是穿長袍，但不是一直如此。基本上我們在這裡看起來是各種形式的靈的外質（ectoplasm）。有時候你會看到某人有身體的外形，像是有穿衣服，但他們其實看起來是白色和透明的。或有時候，如果他們想要看起來更實體，他們看起來就會是那樣。不論他們想投射出穿著哪類的衣服，在那個時候他們就會是那個樣子。

朵：那麼他們並不是看起來都一樣的。

S：不是。甚至同一位也不見得看起來一直一樣。這要看他們想要自己看起來是什麼樣子。但這時候在這個地方，他們是穿長袍的。

朵：你在這個學校學什麼？

S：我研究人生的經驗和影響。為了學習和瞭解，我很努力研究。我用我的經驗來了解自己的存在。我問自己，這些事如何影響我？我是如何處理它們？這裡很平靜也很安靜，所以我有很多獨處的時間。我思考和推敲這些事。有時候我透過經驗試著瞭解。

你看，在人生中，我會為了某些原因調整我的判斷，通常是為了合理化自己的行為。而在這裡我能夠分析，所以我會再次檢視情況，以便對發生的事有較為真實的觀點。我試著了解為什麼我會這樣或那樣行動與反應，以便不再重犯之前的錯誤。我們在這裡累積了許多課題的知識，還有如何處理業。我們學到許多跟人性有關的事，還有我必須面對和將要面對的問題及要做的決定。透過這些，我學習成長和擴展眼界。

朵：你在那裡的時候會面對這些問題嗎？

S：不會，是下次我出生的時候。我準備再下去(指投胎地球)。

朵：他們有跟你說你必須面對什麼樣的問題嗎？

S：說了一些，但不多。我們只是在討論我該怎麼決定，還有討論我想處理的事，以及我想面對什麼樣的問題。

朵：你是說你在想你要處理哪些問題，還是說有些是你必須要處理的？

S：有一些是你必須處理的。但現在是在學習的階段。

朵：你認為你下次必須面對很多問題嗎？

S：這要看你所說的「問題」是什麼。這其中有很多只是要做出決定，還有我要如何處理自己跟別人的關係。你在地球的經歷，不論是好是壞，重要的是你的態度，你接受的方式。你如何處理挫折？你如何應付勝利？你如何處理種種情況與問題？你如何接受失敗？你仁慈寬厚嗎？你知道的，你的人生情境。這一切就是你是誰和你是什麼的總和。而自我欺騙是很嚴重的事。人們不誠實而且不面對事情。他們為所做的事找藉口，他們合理化和扭曲自己的行為，直到他們失去了所有的真相。

朵：有沒有什麼特定課題是你有困難處理的？

S：我必須學著為自己說話。我必須學習多要求別人，不要讓別人那麼操控我。我的問題之一是我在地球很久了，所以我總知道有些事不是什麼大事，我有點就是讓這些情況發生。我讓人們操控我，因為這對我真的沒太大差別。所以我必須要更堅決果斷，學著做決定。我並不是真的喜歡做決定。

朵：你吸引了這些情況好讓自己處理嗎？還是這些是你事先就規劃好的？

S：我想是我自己製造出許多這樣的情況。有時候你心裡想的會發生，不論是什麼。你的靈魂知道你需要學些什麼，然後在你沒有察覺下，它創造出這些情況。但這些之所以發生都是有原因的。當我在地球的時候，我不會知道這些。我沒有真的在做決定。我會只認為它們是湊巧發生。然而它們都是出於某些目的，而且是經過思考和規劃的。

朵：有任何人幫助你做這些計畫嗎？

S：有，有時候我讓這裡的人幫我。這裡有位女子幫了我很多。她照顧我。有時甚至在人世的時候，我好像越來越能感覺到她的存在，譬如長大後。但有時在我很投入生活所發生的事時，我就不是那麼能意識到她的存在了。在這裡，她有時候會讓我看到特定行為會如何影響我的人生。她把它們像電影一樣呈現在牆壁上。她會這麼說：「如果你這麼做，情況就會是這樣；這會是你將面臨的問題。」她會向我解釋我沒注意到的地方。在人生有些時候，我知道某事不對勁，但無法看出或明白原因。她有時會讓我知道我需要知道的事。

朵：你知道你要在這裡待多久嗎？

S：不會很久。我知道我必須繼續。我想盡所能的學習。我努力繼續我所有的學習。偶爾我會覺得我學得還不錯，然後就會有些事發生，有些我從沒想到的事（沉思）。你永遠不會完全掌握的，我想。可是你可以熟練，你可以努力。就像是把東西放到火爐去精煉。

朵：你喜歡體驗地球嗎？

S：嗯……就算我認為那裡沒有什麼可學的了，每次我都還是會學到些東西。我有叛逆的傾向。我知道我還沒有克服這點，雖然我認為我已經克服了。

朵：回到地球住在身體裡是必須的，還是你有選擇？

S：並不是必須，因為沒有什麼是必須的。如果說是最適當……沒錯，那麼這可能是最好的方式。總之，並沒有規定說一定要投生為人，轉世到肉體裡。又有誰能說他可能永遠選擇不輪迴呢？這要看那個靈魂。我可以留在這裡學習或是回去地球。我很可能會回去。我現在身處在這個平靜的地方，我想我已經準備好面對挑戰了。

朵：你可以決定你要什麼時候回去嗎？

S：當我找到某個我覺得符合需求的人，那我就可以選擇了。我們會跟別人有關聯，會建立關係和情感。因為你是開放的，你感受，你感覺，然後他們的生活就會影響你。

朵：這些都是事先計劃好的嗎？

S：一定要的。因為有很多人想回來地球，卻只有很少的身體可以使用。

朵：你是自己做出這所有的決定嗎？

S：不是，我們做的是比較不重要的決定。老師和大師們幫助我們做出主要決定和主要的事件。

朵：聽起來好像蠻複雜的。

S：是的，不過這樣有用。如果要你自己弄懂會太複雜。再加上大家都想讓事情對自己變得很容易，不想要有任何問題。但這樣的話，你就不會成長。

朵：你能選擇你是怎樣的人嗎？

S：你會有特定的性格。你是所有你曾經是，還有你曾做過的一切的總和。你是個個體。你可能童年時受周遭的人輕微影響，但那只是附加的因素，不會真的改變你。你是你所是，你是所有你曾做過，曾說過，曾想過，你是你如何生活和處理每個狀況的加總……你是所有這一切的總和。

朵：那自由意志呢？

S：自由意志有部分是……每個靈魂都有各自的性格，所以我們會知道他在特定情況下會如何決定，因為他就是那樣的個性。基於那個靈魂在其他前世的行為，性格是很容易預料的。只要改變性格，人們就能防止某事的發生。然而，一個人要能徹底改變是很少見的。

朵：我以為你的意思是事情都是安排好的，必須那樣發生的。

S：除非是你自己做的決定，否則你不會學到東西。你必須處理自己犯的錯。

朵：那麼我們對宿命論的看法是正確的嗎？

S：就你們理解的，宿命是你自己的決定而不是被某個天上的神說：「你應該做這個，你應該做那個。還有你，你，你應該做別的。」而言，是正確的。你在未來的宿命完全是你自己要負責的，因為是你，你自己選擇要走哪條路。這麼說可能很貼切，我在這裡所說的「你」遠遠大於你自己所能感受和觸及到的範圍。我們每一個人的內在都有著比我們所能覺察到的更偉大的部分。我們每個人都是自己的冰山一角，是那個冰山一角選擇了我們的命運。這是為什麼人們那麼容易將那些你很可能稱為不愉快的經驗，歸究於雲端上某個看不見的神祇；祂說：「你應該卑躬屈膝，哀號悲嘆並且氣得咬牙切齒，而你旁邊的人應該享受奢華的一生。」事情根本不是這樣的。事實是，我們每一個人只是從我們本身非常受限的觀點來看事情。

朵：所以事情並不是都「注定好」的？

S：只到一定的程度。它們是注定的，但那是基於我所說的，你知道那個人的性格，你知道他最後會做出那樣的決定。性格基本上不會變，它只會因你的成長而改變。

朵：所以你會知道在什麼樣的情況下，他們的性格會如何作用。但也有些人說，我們對發生的事沒有選擇。

S：那只是人們用來表示「既然我們對事情沒有任何選擇，為什麼要去擔心？因為它就是會發生在我身上。」的說法，但那只是人們懶惰，不想成長。

朵：顯然他們有很多理由。你認為我們會遇到誰，會和誰交往是事先就計劃好的嗎？

S：就某程度來說，由於你跟多數在生命中遇到的人有先前的關聯，你跟某人或更多人之間會有需要處理的事。有時你們是三個人一起來，有時一整群，你們要解決彼此間的問題。有時你們出生在同一個家庭，這會讓處理事情容易些。這也解釋了為什麼有些父母和小孩無法忍受彼此，因為他們以前彼此厭惡。他們決定了至少要努力解決些事，只是他們沒有處理得很好。

朵：可是你一旦回到身體裡，你就不記得這些事了。

S：很大程度是這樣沒錯。可是總會有方法接通他們的潛意識。只是需要時間和研究。

朵：許多人問我，為什麼我們不記得我們的過去世。他們認為如果我們意識上知道這些業力連結會有很大的幫助。

S：不會的，它會讓事情變得過於複雜。你能想像如果生活裡有無數的前世記憶不斷在轟炸你，生活會有多辛苦嗎？你會無法專注在你這一世必須處理的課題。當你還是小孩的時候，有時你會記得與過去世的連結，因為你還是離那些記憶很近。不過後來的記憶將這些記憶淹沒，你忘記了這些記憶，雖然它們還是存在於你的潛意識。因此，當你有某種你應該要這麼做而不是那麼做的感覺時，你要依感覺行事，因為通常這就是你的潛意識在微妙地提醒你業力的某個面向。

朵：某個你以前沒做對的事。

S：是的，這是為什麼對一般的業，你會被允許去發展這個催眠技術和其它醫療技巧作為找出某些過往業力的方法，這樣個案就能進步得更快。這跟進入水瓶時代有部分關聯。

朵：這是較快速的方式。但這也就是許多人所認為的，他們應該自己要能記得這些事。他們認為這樣可以幫助解決問題。

S：他們對自己期望過多了。事情通常不會是那樣的。

朵：如果你記得自己跟那些人之間有過的問題，人生似乎會容易些。

S：它也會變得比較困難，因為你會從記憶裡帶回過去的偏見，這就是我們努力要避免的。在有些情況，它確實是有幫助。有些人能夠處理得比其他人好。但在大多數情形並沒有用。如果你因為過去的感受所帶來的情緒而依然氣憤，這樣的氣憤並沒有道理，所以並不是都會有幫助。

朵：可是有人說：「如果我記得之前跟他們發生了什麼事，我就能瞭解，我也會處理得比較好。」

S：不一定都是這樣。因為如果他們現在能夠成熟處理他們的不滿或委屈，我會說他們在以前也大概成熟到足以處理。但如果他們現在跟以前一樣，面對或處理上有問題，那麼就只要接受，不過他們往往還是不能接受以前的問題。

朵：所以你認為有些人不記得會比較好？

S：總體來說，是的。然而每個規則都有例外。

朵：有些人的性格還沒進展到足以瞭解這些事。

S：確實如此。

朵：你知道什麼是業嗎？業的一般定義是：宇宙的平衡法則，因與果，每件好與壞的事都必須償還或平衡。

S：我想這個字本身……不同的人加上了他們自己的意義。這真的很難說，可是大致說來，它表示愛。舉個例，你知道如果你殺了人，你必須要再面對這個情況。譬如你為了錢而殺人，那麼你必須再面對同樣的事，直到你能克服為止。情況往往也會反轉，你有可能因為金錢而被殺害。

朵：喔，這是完全的逆轉。

S：對，或者你必須離開一個一切都很舒適美好的人生。那個美好的人生會被縮短。你必須因此去體驗失去某些東西。一切終有報。

朵：我聽過其他償還的方式。不必非得一命還一命。

S：不必。假設你對某人非常不公，你對人做了不對的事，那你可能必須另一世回來服務他們。也許你必須要照顧他們，當他們的保護者來彌補你以前對他們做的錯事。有時這會是奉獻你的一生。你為了那個人放棄自己。你做的事在某方面總是有合理的解釋。

朵：那你呢？你是年輕的靈魂還是老靈魂？換句話說，你存在了很長一段時間還是只是短時間？

S：所有靈魂存在的時間大致是一樣的。有些為了個別的理由，比別的靈魂擁有較多次的人世經驗。這是為什麼會有「年輕或老靈魂」的說法。有些靈魂對人世的經驗來說是年輕的。我發現我喜歡以實體／有形的方式幫助自己和別人，因此我有一再回到地球的傾向。

朵：那麼一個年輕的靈魂就是沒有那麼多地球經驗的靈魂了？

S：是的，或是只有其他領域經驗的靈魂，因為地球並不是唯一的意識領域。

朵：你說你要去學校，你在學校上課學習。嗯……如果你能在靈界學習，為什麼還需要投胎到肉體的形式裡？

S：這有很大的必要，因為這就像是讀一本書。當你讀了一本書，它的知識在你的心裡，可是你還沒有用上這個知識。而如果你不使用這個知識，它就沒有價值。如果你沒有經驗到需要改變的理由，你就不會改變自己。如果你正經驗或面對某個問題，那麼那個問題對你來說就更強烈、更個人。當你只是讀到某件事，你不會有那麼強烈的感受。你可以透過閱讀學到怎麼做一件事，但除非你有實際的親身經驗，那麼這個知識對你並沒有助益。

朵：他們說在地球，在身體裡體驗很辛苦。這是學習課題的吃力方式。你認為是這樣嗎？

S：這個學習課題的方式是很辛苦，但是效果比較持久。如果你能透過所有經歷的奮鬥學到一課，這些經驗和領悟就一直會是你的。

我想我們可以用大學的化學課來比喻。你從讀的書裡學到怎麼做實驗，但直到你實際混合了化學物並依指示操作後，在看到結果之前，一切都只是書本裡的文字。透過練習，你更充分瞭解程序與結果。許多有大學學位的人有的只是書上的知識，那些知識沒能運用在自己的生活裡。這就是需要實際操作的原因。這個例子也同樣可以應用在技術和其它實際操作的日常事務和工作上。

朵：你知道你活過多少次人世嗎？

S：我不知道。也許一百次吧，也許更多。我弄不清楚了。

朵：很難記錄和掌握了？

S：對，在過了五十世以後就很難記得了。

我能夠瞭解何以如此，當我和一位女性個案合作了一年，只探索了二十六次人世，所有的人世已變得分不清了，我開始有困難區分。我因此能夠理解它們是如何相互影響，又如何構成整體的人格，就像拼圖一樣。

朵：他們有保存紀錄在什麼地方嗎？

S：有，但那不重要。重要的是經驗。

朵：你曾經聽過「阿卡西」紀錄嗎？

S：聽過，那是生命的紀錄。有負責看守的存有，他們被允許讀取這些紀錄。有些經過多年研究和練習的人可以接通小部分的阿卡西紀錄，但只是非常少的人。就我所知，沒有一個現在在肉身的人是可以完全接通這些紀錄的。

另一個靈魂則認為這些紀錄不是那麼困難取得。

朵：你曾經聽過「阿卡西」紀錄嗎？（她有些遲疑）也許你有別的說法。你認為在某處是不是有記載著你所有活過人世的紀錄？

S：喔，是的。如果我要叫它什麼的話，我想我會叫它生命之書——你做過的事情的紀錄。它就在那邊的架子上。很大。

朵：那只是你的紀錄還是所有人的？

S：哦，每一個人都可以去查閱。我們翻動頁面，如果我看著它，它就會反映出我所要尋找的資料。如果別的人看著它，它就會反映出他們要尋找的東西。它是一本神奇的書。

朵：我很疑惑每一個人的紀錄怎麼能都在一本書裡。那一定是本很巨大的書。

S：你想找的和你正在尋找的東西，就都在那裡。

另一個靈魂試圖從比較個人的層面來解釋阿卡西紀錄。

S：在你的信念體系裡，這是真實的。你可以接通阿卡西紀錄取得你尋找的個人資料。阿卡西紀錄的概念或許並沒有被完全理解。我們想現在定義它。或許你可以用銀行存放貴重物品的保險箱來比喻。個別的保管箱存放你的個人物品。銀行本身的概念就是儲藏庫，無論如何，每個箱子只保存跟你有關的事物，所以你可以看見你自己存放的東西，或者說，事實上那是你本身能量的保管箱。「阿卡西」的概念純粹就是我們可以到你特定的保險箱或盒子提取你要找的資料。然而，你，你自己，就是儲存這個資料的容器。

朵：這些保險箱裡包含我們過去和未來的所有資料嗎？

S：它們只裝有對你在此時最適當的資料，當然，會有一些不適合獲取的資料或問題，因此你在你特定的盒子裡不會找到那類資料。

朵：資料是怎麼存放在盒子裡？是透過我們的生活，我們的想法還是什麼？

S：你所經歷的一切，每一件跟你的人生有關的事，在你體驗的時候，就都自動地進入了這個盒子。這就像是錄製你的人生錄影帶，然後你在任何時候都能參考一樣。

朵：別人有可能也取得那個帶子嗎？

S：當然可以，你也早就透過你的工作知道這點了。

朵：這就是我們所說的平行人生的情形嗎？

S：確實是有可能同時參考引用別人的阿卡西紀錄；接收到另一個個體所經驗的人生影像。這不是那麼不尋常的事。感同身受的反應就是這個機制在運作。

朵：換句話說，當我們在探索似乎是過去世的經歷時，我們有可能是在研究其他人的阿卡西紀錄？

S：也或許是你自己的阿卡西紀錄。

朵：我們有任何方法可以分辨嗎？

S：知道這個有意義嗎？它被重新播放，被提供給你的事實，就證明了它的意義。因此，區分這個紀錄屬於誰的並沒有必要。它被重新播放的事實就表示它對你在那個特定時候是適合播放的。

我也曾被告知有些事並不適合讓我們知道，而這些問題就不會被回答。有些資訊會是毒藥而不是藥物，所以最好不要讓我們知道，這是為了保護我們的一種審查形式。

朵：有種說法是一個人的生命以能量的形式被記錄下來。你用的是錄影帶的比喻，可是有個觀念是所有一切，甚至思想、行為和每件事物都會產生能量，而這個能量則保持完整。這可以用在對保險箱的比喻嗎？

S：沒錯，而且如果有必要的話，也可能除去這些記憶。從紀錄中移除某個不再有用的特定片段。譬如說，奧斯維辛集中營的焚屍爐，焚燒猶太人的經歷。

朵：如果我們決定要這麼做，可以有意識的做到嗎？

S：這不是由你決定的，因為你只是你完整自我的一個很小的部分。是你的完整自我（大我）跟管理資料的看守者一起決定。這個決定不是在意識層面發生。因為你無法取得決定你經驗裡的某個特定片段是否適合刪除的資料。這個決定跟紀錄的看守者與你的意識的更高形式或層面有關。

朵：你提到刪除像是奧斯維辛集中營焚屍爐事件的紀錄。它們被刪除是因為它們的負面性嗎？

S：我們會說，對那些體驗過焚屍爐的人而言，在大多數情況下，那並不是預期的經驗。基於業力上的保護，為了不對他們接下來的人世造成問題，這個經驗將會被抹除。這樣他們的潛意識就無法取得會對他們接續的人世造成問題的悲劇事件。

朵：這個程序是在他們去了休息處之後進行的嗎？

S：沒錯。在這個療癒過程中，這些創痛的經驗會被療癒的能量抵銷。

朵：你可以解釋這個過程對那些罪行的加害者會是怎麼運作嗎？

S：不論是怎樣的殘暴行為，加害者的業力紀錄都會反映出對他們暴行的適當懲罰。因此在儲存這些殘暴行為時，也會提供，套句宗教術語，適當的「贖罪」方式。如何償還在播放時會相當清楚。因此，當靈魂準備下次轉世的時候，透過取得所需療癒的事項，當事人將會獲得療癒的經驗。

朵：我對播放很好奇。這一切是在你重新出生前播放嗎？

S：這大概要看個人吧。對某些人來說，也許整件事會被檢視。但對其他人而言，或許只是提供簡短的概要。這完全要看特定個體以及他對來世所規劃的特定目標而定。要以一個籠統的說明來涵蓋所有可能性是不可能的。

朵：你必須檢視所活過的每一世嗎？還是只要處理最接近的人世？

S：你處理的不必然是最接近的人世，而是你覺得你目前能客觀處理的業。當一個人死去，他接下來的想法可能不是要特別去處理上一世產生的業，而是接續的和之前的人世，如果你覺得你已經能夠面對過去所帶來的業了。

朵：你的意思是你不會追蹤過去的每一世，然後檢視你曾活過的所有生命？

S：不是在同時，不會的。紀錄就在那裡。如果那樣，要同時處理的業就會太多了。

朵：所以我們不會回顧全部的人世，然後說：「現在我需要做這個和那個，以便改正很久以前的業。」

S：如果那個業已經很久了，那麼問題通常也已經處理過了。

朵：你還記得你的第一世是怎樣的嗎？

S：如果已經學到了課題，我就會忘掉那些事。

朵：我一直以為我們會比較記得第一次做一件事的時候。

S：不見得都是這樣。

朵：有沒有任何規定必須經歷多少次人世？

S：有人可能可以在一世就完成平衡業力，如果他們過的是可作為典範的人生，那麼那就會是他們最後的人世。其他人則必須經驗許許多多次的人世，以便解決他們為自己帶來的業力並且學習需要學習的課題。也有些人沒有什麼人世經驗，因為他們或許是最近才決定要來嘗試地球人世。有的人從最初就在這裡，努力於他們需努力的事。也有些靈魂或許一開始跟別人一起在地球，但經過長時期轉世間的休息或透過其他的方式學習，所以也許只有過幾次人世。

朵：你是馬上就開始投生地球嗎？

S：我很快就投生地球，但至今也是很長的時間了。我聽說有許多資料要學習和收集。如果我所說的任何事可以幫上其他人，那麼它也會有助於消除我因為對別人所做的不利的事而招致的業。

我已經跟這位女性個案合作了一年，我們探究的人世將近三十個，但我覺得自己只觸及皮毛。

S：敘述我所有的人世並非必要，或許因為某些人世是在休息，除了對這個靈魂之外，對其他人並沒有意義。然而，我們還是可以從不少人世中學到許多課題。

朵：我正在研究這些人世，我想找出一個模式，看看業力在不同方式下解決的原因。

S：是的，但不要總是期待在你收到的東西裡找到答案。甚至在我們的層面，我們也只是從一個觀點來看事情，而我們的觀點跟整體相較仍是非常渺小的。

朵：我注意到有些人世是我會稱為的簡單人生，休息的人生。

S：對，那樣的人世不再招致業力，不論是好還是不好的業。
朵：許多這樣的人世並不是勞心的生活。它們多少是比較勞力。
S：但這樣的人生對這個靈魂很重要，對於圓滿後續的結果很重要。

一個輕鬆的休息人生可以被定義為不重要的人生，雖然我並不認為有任何人生是真的不重要的。每個人生都是一個人類的獨特故事，就其本身而言，都有它的價值。一個休息輕鬆的人生可長可短。它指的是靈魂順利過完一個單調、表面上似乎沒什麼意義，而且沒有什麼特別或不尋常的事情發生的人生。

我們都認識一些生活似乎沒什麼困擾的人。他們不製造糾紛和麻煩，業力在這樣的平順生活中可以解決和償還；而且顯然也沒有製造新的業力。我想每個人偶爾都需要一回這樣的人生，因為我們無法持續經歷一個接一個的痛苦生活，而不在中間放慢步調和放鬆。

一個輕鬆的休息人生有它的功用，即使個性／人格可能是無趣的。它也可以幫助我們從自己的經驗中瞭解現在正在過這類生活的人。我們應該領悟到我們不能批判，因為我們並不知道那個人之前過的是怎樣的人生，現在這一世是不是在休息或是為了怎樣的人生做準備。我們也不知道他們在其他人世的成就，以及他們下一世可能會完成些什麼。

朵：這個學校是你唯一能學習的地方嗎？

S：不是，在其他存在層面有其他類型的學校。每一件事都必須體驗到某個程度，至少體驗一次。

朵：你每結束了一世，就會去學校嗎？

S：不一定。有時候你會選擇休息。

我接觸過許多在休息地的人，他們在那裡的時候並不想說話。他們在催眠狀態下聽起來很睏倦、懶洋洋的，不會主動提供資料，就像一個人如果在半夜醒來一樣。他們也不會敍述什麼事，好像沒有什麼可說的。那裡似乎是一個安靜、平和的地方，可以暫時（可能一年或上百年）遠離一切，可以不去想任何事，而且沒有任何問題，直到他們再次準備好要加入無限的生命之輪。

朵：休息地跟你現在在的地方不一樣嗎？

S：沒有不同。有些人來到學校，休息了一定的時間，接著就進行各種學習。有些靈魂去的地方就是只為了休息，那裡是全然的寂靜和空無的本質。

朵：那就是我之前問的地方。通常在一個痛苦的人生之後，靈魂會到那裡嗎？

S：也或者是當他們不想忘記，想延續那些記憶的時候就會被送到那裡。

我當時想到我在《五世記憶》（*Five Livers Remembered*）提到的格麗卿（Gretchen）的故事。她一直努力想回到她在德國的人世，縱使這是不可能的。她持續被送到休息地，直到她所執著的這個人生的所有記憶被消除，她才能夠轉世並正常運作。

朵：對，我接觸過想延續前世記憶的女性個案。她不肯放下，於是被送到一個聽起來像是你說的地方。許多靈魂告訴我不同的情況，但他們描述的是類似的地方。

S：他們說的都是真的。我們必須收集所聽到的事情並從這一切學習，而不是對我們可能不想聽的事充耳不聞。

朵：也許你可以幫助我們釐清一些會很令人混淆困惑的事。

S：混淆會導致無知。

朵：一個休息的人生，它的目的跟在休息地是一樣的嗎？

S：小程度來說是的。休息地是要完全清除在此之前所有的事。而休息的人生或許只是他們剛過了一個很有壓力的人生，他們需要休息，但不必然是要忘掉人格，因為這對他們很容易做到。休息地是為了那些有困難忘記他們以前的人格或過去的問題，而且仍繼續認同那個人格面向的靈魂。那個人格會對那個靈魂之後的人生有太強大的影響去休息地的目的就是要忘掉這類人格。

朵：所以一個輕鬆人生的目的會是不同的？

S：不是完全不同。也許是同樣目的，但不同角度。

當我們過的是休息的人生，人格並不會承受很大壓力。經過一個簡單的人世之後，你就可以進入較有意義的一生，再來解決困難的業力。我認為一個有壓力的人生接續另一個有壓力的人生會是辛苦的。你可能需要暫時放慢步調，而一個休息的人生就很能達到這個目的。

朵：我想各類人生都是有原因的，不是嗎？

S：所有的事都有原因。

朵：你是要去學校學習的靈魂，但你也在教導我。我們都有成長的空間，不是嗎？

S：我仍然有很長的路要走。

我請她繼續描述學習的各個地方。

S：這裡可以有最多的學校和休息地，看需求而定。有時你需要回顧，好好想想你在那世需要學習的課題，然後探討自己完成了哪些。有時候你是因為想完成的事而回去學校。有時你就是直接到另一世。

朵：這些事有沒有任何規定還是規則？

S：如果是跟自己有關的決定就沒有。嗯……除非是特別的情況。如果覺得負荷太重，那麼你會來學校學習如何處理或是去休息地。

朵：但你也可以立刻到另一世？

S：對，如果靈魂想的話。

朵：我以為必須要等很多年。

S：並不是都這樣，不是的。這要看那個特定靈魂處理事情的能力，他們面對問題的能力。有些靈魂在轉世之間需要較多的時間來適應，或者就是遺忘。

朵：在回到人世前，遺忘過去的事會比較好嗎？

S：在很多案例裡，是的。如果沒有必要把課題帶到下一世，那麼有很多正當的理由忘掉那些記憶。要不然，那個人會一直想回到他以前的人生，而這是不可能的。

這就是《五世記憶》裡的格麗卿對她在德國那世的情形。她在休息地待了二百年才終於讓自己甘心接受無法再回到剛離開的那世。那一世過於激烈和暴力，當她最後能回到地球時，必須是一個完全相反的性格才行。這是她唯一能處理並繼續她的地球課題的方法。

朵：有沒有什麼是不忘記反而比較好的情況？

S：如果他們從之前的人世學到的，跟他們這世要經歷與體驗的課題有直接關係的話。

朵：在那些情況下，馬上回到人世會比較好？

S：有時候。但有時你必須準備得更久，以便處理前世的問題。

朵：決定早日回到地球會跟業有關嗎？

S：是的。如果你想努力解決某些事的話，你會做出早日回到地球的決定。但有時候你必須等候那些還沒回到靈界的人。你出生的時間不見得都是你自己的選擇。有些老師會協助你做出最後決定。你必須跟他們處理業力的人也會協助。

朵：跟你有業力關聯的那些人必須要同意嗎？

S：這要看特定情況而定。不必然一定要他們的同意。

朵：那麼他們可以在不知道的情況下解決業力？

S：在沒有他們的同意下，是的。

朵：這樣的話，你其實必須處理的就是你自己的業，這麼說正確嗎？

S：沒錯，主要是你的業。有一些必須要遵守的準則。

朵：那些協助你釐清這一切的老師和大師們，他們的決定比你自己的決定還重要嗎？

S：並不是比較重要。他們很多時候是從不同角度來看。他們從自己的經驗來看，並且分享他們的智慧。大多時候他們的判斷是正確和明智的，你也會從那樣的觀點來看事情，而透過這樣的方式，你能從中學習。

朵：換句話說，他們看到你沒看到的事。

S：是的，可以這麼說，因為他們是從旁觀的立場來看。

朵：這有道理；我們本身往往因為太貼近而無法做出公正的判斷。曾經有過靈魂不想回來地球，可是被要求回來的情形嗎？

S：在某些情況下，有的，但可能不是因為靈魂不想回來。譬如說，他們很愉快的前一世是男性，可是被要求以女性的身分回來。如果可以選擇，他們會選擇再次身為男性。沒錯，像這樣的狀況有時會發生，要看情形而定。在這邊的生活容易得多，可是靈魂學到的不比在地球，因為地球的日常經驗能夠教導你更多智慧，你會學到如何應付那些有惡習和問題的人。這會使你比那些有管道取得偉大智慧的人成長更多。如果看待事情的觀點不正確，靈魂可能需要回到人間；透過地球的實際經歷，他們會看到他們需要看待事物的觀點。在任何靈魂進入人世之前，靈魂會先觀察業力的平衡和運作，然後他們會知道他們的業力在這個特定情形和特定的業力平衡下，怎麼解決會最好。他們的靈性導師可能會給一些建議，幫助他們想清楚這世想實現的事，但從來沒有人是被迫進入他們極為厭惡的情境。轉世通常是在這些個體和他們靈性導師的一致同意下。個體不會特別喜歡這個人生的許多面向，但這生的大多數狀況都會是他們能處理和應付的，而那些他們不怎麼喜歡的額外事情就被看作是靈性的挑戰，那是他們要去努力和完成的事。他們如何處理這些不喜歡的事物是幫助清理業力的方式之一。當他們回到靈界，良好的表現就會反映在他們的業上。

朵：我在想一個案例。這個女孩在某世自殺，因此被迫回來。所有情況都顯示她回來地球是正確的決定，但她並不想回來。

S：有時候這會發生在……舉例來說，這個靈魂曾經待在靈魂醫院，大師們說：「嗯，你回去的時間到了，你不能永遠留在這裡。」但靈魂卻抗拒離開，因為他們基本上是害怕的。可是他們內心知道，如果想脫離這個情況，有所進展的話，他們就必須這麼做。雖然他們會給人一種不情願的印象，但他們知道這是必須做的事。因此就這點而言，他們想克服這方面的業並繼續朝更偉大和更好的事物邁進。

朵：可是在那個情況下，他們是被迫回來的嗎？

S：我們應該這麼說，他們是被強烈鼓勵回來，因為他們不能永遠待在靈魂醫院，所以他們必須回來。生病和受傷的靈魂比起健康的靈魂需要更強力的指導。他們某程度無法為自己的決定負責。另一方面，這個載具（指個案）的靈魂和你就必須被勸阻並告訴你們：「等等，你還不能回去；你還有更多要學的東西。」你們是等不及再回到地球參與。

朵：你的意思是我們太渴望回來。（笑聲）但我說的那個女孩這一世很不快樂。她這世一定沒有處理得很好。

S：嗯，要經過幾次人世才會明白如何在這個過程中解決問題並過得開心。只要她在這一世不再自殺，那就是進步了。

朵：她這世必須回到同樣的處境，面對同樣的人。

S：嗯，由於她又再次跟同樣的人在同樣的情況裡，毫無疑問的，她這一世的主要挑戰就是不要以自殺終結。她的主要挑戰是要能夠面對並應付這些人，而不要縮短生命。如果她能做到，那麼她的下一世和接下來的人世就會更容易應付了。最後，在接續的人世，她可能就只需要面對一或兩個這樣的人，而不是一群。而她也會學到如何再次快樂地生活。

朵：我聽過我們自己是做最後決定的人，可是在這個案例，是別人迫使她回來，我很納悶這不是矛盾嗎？

S：不會。那些看起來像是被迫回來的人，他們知道這是為他們好。在給了他們時間思考後，他們會領悟到自己確實需要回來，要不然他們會永遠被困在同樣處境，永遠沒有進步。永遠沒有進步是最接近基督教的地獄概念。

朵：是指停留在同樣的狀況並犯同樣的錯誤嗎？

S：對。

朵：你會被允許去別的地方，還是你必須留在學校？

S：有時我們會去其他的存在層面看看要如何處理這些問題。每個存在層面都有可以教導我們的課題。

朵：當我跟別的靈魂說話時，有時候他們描述的環境並不一樣。

S：那些描述是他們看到的，因為大多數學校的樣子是看你怎麼想像。從你自己的一套經驗，你可能看它是一個樣子，而別的人看它則完全不同，但它基本上仍是同樣的地方。

朵：我以為可能是因為那個地方很大，有很多不同的面貌。

S：這也是原因。那裡有無限多的層面。

朵：有個靈魂告訴我，有艘金色的船會往返地球層面搭載靈魂。你曾經看過這樣的情形嗎？

S：那可能是她個人對這件事的想像。有些人說他們看到自己走在金色階梯或橋樑。有些人就只看到一個充滿光的長廊，然後他們朝著光走去。有很多是個人的經驗渲染了他們認為看到的東西，這就是發生的情況。任何你能想像到的東西都會是真實的，因為你是你自己命運的主人，你是自己的居所，自己身體的主人，或任何你認知或理解靈魂在肉體裡的概念。你是你身體的主人，你也是你命運的主人。你創造出在你眼前顯現的一切。你在這裡是共同的創造者。你在眼前所看到和發現的，都是你自己的創造，不論是物質還是靈魂層面。所有人都必須接受他們是命運的共同創造者的責任。

朵：如果是一個有身體殘障的生命，這樣的創造有目的嗎？

S：哦，是的！那是個謙卑的經驗。你被迫在內心真正接受自己，真的看到自己，而不是這個世界的人怎麼看你。人們太容易以別人看自己的眼光來看待自己，但不是這樣的。你是不同的。你是你真實的樣子，然後你是你認為的你，你認為的樣子，然後你是別人眼中的你……然後你會改變。但當你是殘障，你有必須要去克服的事。其中之一就是必須學習不被他人的嘲笑所影響。你不能把別人的殘酷看作是針對你而難過或被觸怒。那是那些人自己必須處理的事。他們並不瞭解，也或許他們被嚇到，感到害怕。人們對於不瞭解的事通常會感到害怕。

朵：可是被他們傷害的人並不知道這點。

S：是不知道，但他們的哭泣是暫時的。

朵：你曾經有過殘障的人世嗎？

S：（停頓，像是在思考。）我想我完全……不，我不是生來那樣；但我後來有失去視力。

朵：你認為你有從那一世學到什麼嗎？

S：我學到堅持。我學到不要對我們能看到東西視為理所當然。我學到要更感恩和欣賞。

我學到某種感受，學到……（驚訝）要信任。

朵：那就值得了。我認為如果你有從中學到什麼，那一切就都值得了，你同意嗎？

S：同意。

朵：如果有人想幫助你療癒，但那個情形是你必須面對的業力，那麼療癒會有效嗎？

S：不會。如果那件事的目的是為了要帶引某人到某個階段，那麼治療就不會有用。

朵：但嘗試療癒會有害嗎？

S：喔，不會。上帝會給那些運用內在資源去幫助別人的人一定的愛與祝福。當人們在付出時，這個給予的過程，本身就是一種回報。

接下來是一個年輕女子的前世回溯；她曾經有過又聾又啞的一世。這段對話是緊接在她回溯到自己死亡之後。

朵：那一生並不算糟，不是嗎？

S：對，沒有產生更多的業。

朵：嗯……你在那樣的人生不可能招致任何業吧？

S：會的。如果你跟它對抗，而且多少放棄的話。事實是，如果你是殘障而你並沒有努力去完成任何事，那你就會有更多的業。

朵：你的意思是如果有些人是殘障，而他們就這樣放棄或想要別人來照顧，譬如說，為他們做事？這會是處理殘障的錯誤方法？

S：對，而且他們從不嘗試任何事。為了從這類的人生受益，你必須一直努力往上，不要讓它拖你下來。

朵：所以就算是殘障，也要努力有進步。這樣就是在還業或債？如果某人就這樣放棄而不嘗試做任何事，那他們就是為下一世製造了更多的業。這麼說正確嗎？

S：是的。

朵：但那些智障的人呢？那是不同的殘障，不是嗎？(她皺眉)你知道智障是什麼意思嗎？

S：我不確定我明白你要說什麼。

朵：有些小孩出生後，他們的心智並沒有真的成長。他們的身體長大，但是他們的智力停留在小孩時期。這是另一種殘障。你知道我的意思嗎？

S：知道。但再次地，我們總是有能力讓自己每次都有少許進步。努力去試著克服自我的任何缺點。

朵：你認為一個人生來就有殘疾或是後天成為殘障，這樣的安排是有原因的嗎？

S：是的。不論是為了彌補某件他們以前做的事，或只是努力在這條路上進步。

朵：所以有些人的殘障並不是為了還債？

S：對，因為他們可以由這樣的一生獲得很大的益處。他們可以學到體諒。他們不會很快就批判別人。

比起正常的身體，有更多的靈魂在等候殘障的身體。殘障者的一生所償還的業通常需要至少十次平常的人世才能做到。看看他們由此所學到的，還有他們教給照顧者—與他們訂下合約要一起經歷課題的父母或其他人—的功課。我們也不要忘記殘障人士對別人的影響。那些每天跟他們接觸的人會學到什麼課題？擦身而過的人們又會學到什麼？是怎樣的情緒，正面或負面的情緒被引發？哪類的課題被排斥？靈魂再次強調，不論我們想不想，每個人每一天都持續在許多方面影響著別人。我們從如何接受和處理，或是排拒和否認這些事情當中，學到了我們的課題。

# 第五章
# 靈界遊

我們是在偶然間發現靈界的智慧殿堂。我當時跟一位叫約翰的男子合作，他有一些身體上的問題。約翰好奇是不是可能在靈界的某處得到療癒？我並不知道有這樣性質的地方，但我向來很願意去實驗和找出答案。本書裡的其他資料是透過在催眠的出神狀態下的個案獲得，這些個案發現自己在所謂的「死亡」狀態時是靈魂的形式。但這次的做法不同。在約翰進入深度的夢遊層次後，我刻意引導他進入靈界，看看他是否能找到一處療癒的地方，如果這個地方確實存在的話。

當我數數完畢，約翰發現自己在一個美麗的以太環境，他被告知這是智慧殿堂的一部分，智慧殿堂是大型的綜合大樓，包括了好幾個不同的區域，有療癒殿堂，掛毯室和圖書館。我對於自己看不到個案所見的美景常會感到失望，我就像一個盲人，必須仰賴他人的描述，而只靠文字通常很難真正地適切傳達他們在另一個次元所看到的令人驚奇的景物。

約翰：（以下簡稱約）我現在在療癒殿堂。這裡好美。它是圓形的建築和大廳。燦爛的光從天花板上鑲嵌了寶石的窗户照射下來。有藍光、黃光、橘光和藍綠色的光，你能想到的各種顏色，除了黑和白。這裡沒有黑跟白，可是有其他的顏色。這些顏色在圓形大廳的地板上投射出美麗的光。療癒殿堂的守護者來了。他帶著微笑朝我走來，他現在牽著我的手說：「你來這裡是為了治療，不是嗎？你的靈魂經歷了許多事，對吧！來，站在所有光的中間，讓這些光的能量與你同在。」

朵：這就是那個地方的功能嗎？

約翰沒有回答。從他的身體動作和臉部表情可以看出他顯然正在經驗某個非常深刻的體驗。我並不緊張，因為這看起來是個愉快的經驗。

朵：你可以告訴我現在是怎麼回事嗎？

還是沒有回答。他顯然非常投入在這個體驗裡。他的整個身體痙攣式地抽動好幾次，這樣持續了幾秒鐘。

朵：是怎樣的感覺？

約：不同的光在我四周旋轉，它們感覺我並且潔淨我。這是我為什麼現在不能說話的原因。

朵：我只是想確定一切都沒事。那是種好的感覺嗎？

約：是狂喜。（他的身體繼續不時抽動，接下來是幾秒的沉默。）喔，那是很美好的感覺。我感到煥然一新。（停頓幾秒）啊！太棒了。喔！各種顏色的波環繞著我，帶走我所有的痛苦和疼痛。現在他牽起我的手，帶我離開了光。他說：「你的靈魂被潔淨了，許多一直在你周遭的負面能量都被淨化了。感受隨之而來的平靜。你必須專心學習療癒自己。」（深呼吸）喔！這感覺真是美好。對身體患有重病的人來說，這裡是很棒的地方。當他們死去，他們會被帶來這裡，他們的星光體和靈性體會在這個圓形大廳恢復活力並被療癒。接著這些不再被身體束縛的靈魂會跟他們的指導靈會面，指導靈會帶他們到他們需要學習更多有關靈魂進展的地方。這裡排了好長的隊。由於我要求療癒，但我依然是在人類形體裡，他們說我可以先進行。我被允許通過房間接受治療。他們稱這裡是「顏色與光的房間」。

朵：一個仍然在身體裡的人來到這裡是不尋常的事嗎？

約：沒錯。殿堂的守護者說當人們以星光體旅行的時候，會給自己這樣機會的人不多。「可是他們應該這麼做。」他說：「我們在這裡也是為了服務仍在肉體的靈魂。如果他們想來，我們會很開心地歡迎他們。這個療癒永遠都帶有愛的能量。」這是奇妙、不可思議和充滿愛的地方，完全不像醫院或那類場所。這裡像美麗的殿堂，在這個圓形大廳的上方是由寶石鑲嵌的窗戶。我會說它們有大約五、六呎高，由不同顏色的寶石製成。光穿透窗戶，反射回圓形大廳的中間，然後這些光以能量環繞著你。這就是我所在的地方。喔，這感覺真是太美好、太美好了。他現在在說：「我們會跟你談你的健康。保持正面感受非常重要。約翰，你要意識到你的靈魂使命是要幫助和服務別人。不要擔心你的健康問題。它們會透過你的正面能量顯化在你的身體。如果你想減重，專注在你想顯化的身型，你就會是那個樣子。但你必須能夠專注，這很重要。喝酒抽菸對你的靈性成長並沒有幫助，這些最終都必須從你的生活中去除。這些損害你身體的能量不會使你成長，因為它們讓你的身體和靈魂體痛苦。如果你希望的話，你將及時顯化你靈魂所具有的一切自然和美麗的事物。你將會吸引正確的能量，所以不用擔心你的健康，因為我們在治療你，而你將被療癒。如果你以後還需要來這個殿堂，你只要想你是在這裡，你就會在這裡了。」他真的充滿了愛。他剛剛給了我一個大大的擁抱，他說：「現在是你離開這區的時候了。」

朵：在我們離開前，我想問他那些在排隊的人的事。他們是死於疾病嗎？

約：他說：「是的，他們是因為久病而死，也有的是死前承受許多身體病痛的人。他們死於不同的疾病，像是癌症，也有死於車禍等等。」他們並不是真的排成一條線，我的意思是，沒錯，是有秩序，但他們不是一個排在一個後面。每個人是輪流進入並通過這個光能量的房間。

朵：他們的指導靈會帶他們經歷這個過程嗎？

約：嗯……有指導靈跟他們一起。事實上，有些人是跟他們家人來的。

朵：他們的家人在他們死後也會來迎接嗎？

約：是的，他們的家人帶引並陪同他們來這個地方。

朵：他們在被允許去其他地方之前，是否要被淨化或療癒？

約：是的。他們需要這個療癒過程，因為他們之前的經歷非常痛苦。

朵：而這個療癒是他們死後的第一件事？

約：是的，如果他們的身體因為生病或意外而承受了極大痛苦，這個療癒能量就會是他們死後最先的體驗之一。因為疾病或負面能量在他們的以太體，因此在他們能進展到星光層／靈魂層面並在那個層面工作之前，以太體必須先被療癒。對這些人來說，這裡是非常重要的地方。他們被帶到這個中間地帶。在這裡，所有的光下來，環繞著他們並帶走他們以太體可能有的任何負面能量。接著他們再跟家人和帶引他們到星光層面不同地區的指導靈團聚。

朵：我以前從沒聽過這個療癒殿堂。我很謝謝他提供的資料。

約：他現在微笑著說：「我一直都在這裡提供服務。這是我的使命，我的存在。」他是個溫暖、燦爛、充滿愛的能量。他的觸摸很神奇。就像母親的愛，你知道的，就像母親擁抱她的小孩那樣。他說這是很適合所有靈魂聚集的地方，無論是否在肉身。他說這個服務和這個地方的療癒歡迎每一個人。許多使用心靈療癒力的人應該投射這個影像，因為他們在這裡可以被療癒。他說：「約翰，現在你已經目擊而且參與了這個療癒，你要向其他可以使用這個地方的人描述這裡，這很重要。這對朵洛莉絲會是很棒的工具，她可以用來幫助療癒別人。她可以透過催眠帶引他們進入這個療癒殿堂，我們會在這裡接手並協助。這會是朵洛莉絲可以使用的很棒的服務。透過在這裡的付出與分享，她也會成長。這是他要給你的訊息，朵洛莉絲。」

朵：謝謝。這裡有沒有規定誰可以來或誰不能來？

約：他說：「所有的靈魂都歡迎來到這裡，如果他們願意來。並不是所有靈魂都心甘情願或已經進化到可以來到這裡。可是如果他們願意且渴望被療癒，我們就在這裡為他們服務。」他們遲早可能要回來這裡，這要看他們的負面能量而定。然而，他說他們一旦接受了治療，大多數的靈魂都會繼續。他們不在這裡逗留。他們通常不會想回來這裡，除非回來對他們很重要。這是法則。他是這麼說的：「那是法則。靈魂很清楚。我們是在處理靈魂的「身體」（指以太體），而不是意識載具（指人類身體）。當靈魂是主人，或是當靈魂瞭解了是怎麼回事，它就會知道法則。沒有人會變得依賴這個能量。（笑聲）他們不會成為對療癒上癮的人，不是那樣運作的。」

朵：那麼如果我帶引在出神狀態中的某人來到這裡，如果他們願意，他們就可以透過這個過程接受療癒。

約：他說：「是的，如果他們願意，我們就會在這裡協助。如果你透過靜坐冥想或催眠與我們連結上，我們就在此效勞，因為這就是我們的能量。對你來說要傳導這個能量會非常容易。」他說朵洛莉絲可以用這個能量來協助。他說：「只要我們幫忙，一切都會為我們顯化。我們每個人都有靈性的天賦。而對你來說，朵洛莉絲，這是一個很棒的方式來表現你部分的靈性才華。」

朵：聽起來是非常好的想法，因為人們常會要我對他們的健康問題提出建議。

約：他說這會是很棒的方法。讓他們在出神狀態下來到這個光的殿堂。這會很有幫助，因為它主要是治療以太體而不是肉體。以太體是靈魂的身體。

朵：但我認為任何療癒都會反映在身體上。

約：是這樣沒錯。但個案也必須要有正面的心態，這很重要。這裡有個金色的地方，非常不可思議。它的整個牆面散發出美麗的金光。

朵：這跟療癒殿堂是不同的地方嗎？

約：我們還是在療癒殿堂裡。我現在正四處走動並和他說話。他在給我看不同的光能量還有它們如何穿透。這些光像是在一個珠寶盒裡。真是美。整個殿堂結構大都散發亮金色的光。我的意思是像金咖啡色，但它是很有療癒效果的顏色，而且看起來像是刻了金銀絲細工的花邊。牆裡鑲了蛋白石和各種不同的寶石，但最重要的還是鑲在窗子的寶石，光就是透過那些窗子進來。

朵：好，我很感謝他讓我們進來這裡並為你提供治療。你現在想離開了嗎？

約：好的。他擁抱我，然後說了再見。

朵：我們應該離開了，因為其他人在等著做同樣的治療。

約：是的，有人在等。每個人現在都踏進了光裡。

朵：我們需要知道這個地方，這裡很重要。一定還有很多我們不知道的地方存在。你之前說所有這些建築都是屬於一個建物群。我好奇你可不可以帶我……這麼說吧，帶我逛逛，我們就可以知道還有些什麼地方。

約：好的。殿堂守護者說掛毯室很重要，所以我現在正走在這個有著青金石和大理石牆壁的走廊上。在盡頭有扇很大的門。我現在正打開門。有道令人目眩的強光。

朵：為什麼會有強光？

約：那是一個人或者說是個靈體。他說他是掛毯室的看守者，他讓我進去。這是很受尊敬的地方。空氣中有股芳香，聞起來像是清爽的微風混著些許來自花園的花香和鹽的味道。很像薰香的味道。這個房間很美，非常非常高。往上可能有兩百或三百呎高。哦，不，也許一百呎高比較正確。天花板就像教堂的中殿，有圓形的頂。天花板和兩邊的牆都有窗户，高高的窗户照亮了房間。屋頂有枝形的吊燈垂下，看起來像是阿拉丁神燈。有很多盞，可能有十五或二十個。牆面和天花板似乎是大理石。每隔一段距離有些大型家具，掛毯對面就有一堆桌椅。它們既非現代家具，也不是古董，可是它們功能性強、舒適且吸引人。看守者說有時候老師會帶學生來這裡，向他們說明掛毯的奇妙與複雜。我感覺自己像是在一個大家可以來審視和研究的很特別的博物館裡。我現在要去看掛毯了……好美。它是金屬的，由金屬絲線製成，非常燦爛華麗。這些線發出微光，閃閃發亮。(突然吸了一口氣)掛毯看起來像是會呼吸。它就像……它是活的。我的意思是它有波動起伏而且還閃爍發光。有些線閃耀發亮，有些晦暗沒有光澤。這真的很難形容。它事實上就像是活的東西，可是不會讓人害怕。它很美。掛毯裡有很多種不同的線。哦，還有，它好壯觀。地球上沒有任何東西可以跟它比擬，也根本無法形容它的壯觀，因為它實在是充滿生氣，令人震撼，太驚人了。看守者說每一條線都代表著一個生命。

朵：聽起來非常複雜。

約：喔，有些線是很複雜，但它形成一個美麗的圖案。而且……我可以看到背後的世界。透過注視這個掛毯，我可以看到曾經發生過的任何事件。

朵：你的意思是……？

約：如果我看著它，我可以看到人們的平日生活，它們就像絲線一樣跟掛毯連結。現在看守者在解釋每個曾經活過的人生在這個掛毯上就是一條絲線。這個掛毯是所有人類生命的絲線；所有投生為人類的靈魂都是連結的。它完美呈現每個生命是如何相互交織、交錯並觸及其他生命，直到最後所有人類都被影響。掛毯代表了人類的全然合一。

它是由所有部分組成的一體，缺了彼此就無法生存，而且它們全都交織一起並相互影響。

朵：嗯，如果掛毯是由每個人的人生所構成，那它就是活的。看守者會在意我們觀看嗎？

約：喔，他不在意，他知道我們這麼做是有目的的。他說：「看吧，看一看，但不要看得太深入。我不想你看別人的生活，因為傳播那樣的資訊會對他們的發展有害。」（約翰繼續描述掛毯）掛毯非常巨大。它大概有……嗯……我會說至少有二十到二十五呎高。而且它好像就這樣一直延續下去。我如果要沿著它走，需要花上好幾個小時。它一定延伸了有一哩路或更遠吧。它沿著左手邊的牆延伸。來自窗户的光照亮了掛毯。可是我到了某個點就沒法繼續了。

朵：你知道為什麼嗎？

約：掛毯的看守者說那跟靈魂的靈性進化有關。只有靈性進化的人可以進入那部分的掛毯。就好像有個小告示寫著：「到此停步」（笑聲）但不是真的有告示，而是一種感覺，我就只能走到這裡了。我像是在看一個最美麗的藝術創作。它由線繩構成，從細小如絲的細線到粗至手腕寬度的纜線。

朵：我曾經把它們想成就是一般的細線。

約：不是的，它們不像毛線或絲線那麼細。我稱它們線繩，因為它們彼此交織，線從很細小的到較大較粗的都有。這些線大多是繩索大小，隨著延伸就越來越粗。有綠色、藍色、紅色、黃色、橘色和黑色。甚至還有好幾個黑色的。黑色特別明顯，因為它不像其它顏色延伸得那麼遠……奇怪。

朵：這些顏色有任何意義或重要性嗎？

約：我來問看守者。他說：「是的，它們代表靈魂的靈性能量。」

朵：跟比較明亮的顏色來說，較深的顏色代表什麼特殊含義嗎？

約：「較深的顏色，」他說：「沒什麼特殊含義。黑色特別是因為他們選了不尋常的道路。」

朵：我以為較深的顏色可能表示他們比較……嗯，我想的是負面的生活。

約：不是的。他說在這個掛毯裡沒有負面的東西。黑色的線只表示選了一個不尋常的顯化方式。但他說：「不要問這個。你在這時候不必知道。你來是為了其它的目的。」

朵：對，我想問幾個問題。你說有老師教導學生關於這個掛毯的事。他們能不能看到他們前世的模式？

約：可以。我現在看到一個團體。老師穿著一件好看的長袍，他有非常慈愛的面容。他在跟那些靈魂指出現在正在發生，還有曾經發生的事情。他在教他們跟掛毯有關的事，以及不同圖案所代表的意義。他有一個會發亮的指針棒，棒子是金色的，有個看起來像水晶的東西在棒子上方，但那事實上是一個會發亮的鑽石。他指著掛毯裡的一條線，而那條線，或繩子，或纜線，不論你怎麼稱它，它似乎會自己發光。老師指出不同人生的不同特點，關於人們怎麼進步還有他們必須在哪方面成長。大家都在記筆記，但不是用紙和筆，而是記在腦袋。

朵：他在向這些學生解釋他們的人生嗎？這樣他們就能決定未來的人世。

約：是啊，我收到的想法是他們在這裡研究他們的前世，以及他們的線是如何織入這個生命的掛毯。這就是古人所說的阿卡西紀錄。（我很訝異。）這些是先進靈魂所瞭解的阿卡西紀錄。他說有些紀錄是以書的形式保存，但那些書是為了不那麼高度進化的靈魂。

朵：（我不瞭解他的意思）這樣的話，就不是每個人在掛毯上都有條線了？

約：不對，所有的生命都有線在這個掛毯上，但只有進化的靈魂能夠瞭解掛毯的概念並取得資料。比較沒那麼進化的靈魂有可以閱讀的阿卡西紀錄書。掛毯室對沒那麼進化的靈魂來說，就像是一個小孩到了大學的圖書館。他們應該要去社區圖書館的孩童區才對。

朵：那麼即使他們來到這裡，也不會瞭解看到的東西。

約：沒錯。他們不會瞭解，因為掛毯有它的目的。它進入了更高的次元，甚至高過這裡，而這裡已經是非常複雜的地方。這個掛毯最後結束在一片光亮的神格裡。掛毯裡所有的線都通向這片美麗的光。

朵：你能不能問這位看守者，是不是有很多還在世的人曾經來過這裡看這個掛毯？還是說我們來這裡是很不尋常的事？

約：他說你會很驚訝有多少人是在身體裡的時候就來過這個房間。很多人來這裡欣賞它，就像欣賞藝術品一樣。他說這對那些擅於畫畫、雕塑和織品藝術的藝術家是靈感的來源。他們有時會來這裡，因為這是所有創作裡最壯觀輝煌的藝術作品。掛毯有很多不同的圖案，像是狂野的現代圖樣，東方的設計或美國原住民的圖案。

朵：他們是怎麼去的？

約：他說有的在夢中以星光體的狀態，有些是透過冥想靜坐、靈魂出體，或是像你現在使用的催眠在靈魂世界旅行。

朵：我很好奇還在身體裡的時候來這裡是不是很不尋常？

約：他說：「不是，不像你想得那麼不尋常。你會對來到這裡的人數感到訝異，但不是所有人類都已準備好要來這裡。」

朵：他知道我們還沒死吧？

約：是的，他現在走在我旁邊，他說他知道我還在身體裡。他看到我身後的銀線。

朵：哦，他知道你仍跟身體連結，知道我們這麼做是在實驗。

約：是的，他瞭解。這裡的大多數靈魂並沒有銀線連接身體。

朵：嗯……有沒有曾經還活著的人來到這裡卻被拒絕進入那個房間？

約：他說：「你會很訝異。我們必須要求他們離開這一區。有個靈魂到了這裡，試圖把他的線扯出掛毯。他以為這是結束他的存在的最好方法。這個人在地球層面有某類失智，他並不知道他的靈魂到了靈界。他非常困惑。我們必須引導他回去。他現在在一個療養院所，他們給他鎮靜劑，這樣他才不會很容易就進入恍惚狀態。他來這裡試圖破壞掛毯，破壞他以為是他的那條線。事實上，那根本不是他的線。」

朵：有很多人試圖做同樣的事嗎？

約：沒有，那是很罕見的案例。那個人被賦予了偉大的靈性力量，但他認為那是他的錯覺，他的心智體也因此失衡。結果，現在他的身體活動被控制，他也被施以化學藥物。如果他容許自己發現他的靈性能力的模式，他對這個世界就能提供很棒的服務。但他讓他天性裡的智力面完全掌控了。

朵：我想這是為什麼掛毯室有看守者的原因。

約：嗯，必須要有看守者。有時這裡會發生奇怪的事，因為這是幅時間的肖像，事物必須保持平衡。這幅掛毯一路都有制衡的機制。

朵：你說有時候有的人會被要求離開？因為他們想看到不該看的東西嗎？還是什麼原因？

約：他說：「你能夠看到一些事，因為在掛毯後的是你們所謂的時間，你可以找到一個繩線然後穿越時間。大多數人在還活著時，並不需要知道他們的未來，除非他們是為了靈性的歷程要使用那個資訊。」

朵：被要求離開的人是因為這個情形嗎？

約：他說：「不是，這裡是愛的地方，沒有人會被要求離開，除非他企圖毀壞掛毯，或者他很暴力。我們必須看顧掛毯，因為在很少見的情形下，確實會發生些事。過去曾有很強大的力量穿過了掛毯。有一次你們有過核子爆炸，當時許多人很快就離開了地球（指死亡），他們穿過掛毯來到這裡。所以我們必須在這裡幫助他們。」

朵：我猜有各式各樣的奇怪事情會在那裡發生，謝謝你告訴我。我們很好奇。

約：沒錯，他說：「我們瞭解。不用擔心。我們很清楚你的任務和你靈魂的成長。我在這裡是為了服務你們全體。」

朵：如果可以，我們會努力把這些資料用在非常正面的用途。假使我是要使用在負面用途，我會被允許來這裡嗎？

約：不會。在這裡沒有什麼可被隱藏或偽裝。我們比你還清楚你自己的動機。

朵：我會保持正面。在我們離開前，掛毯上還有沒有什麼是你想看的？

約：我現在看到我自己的線。它織入掛毯的顏色是銀和銅。掛毯的看守者說我離開的時間到了。他說：「你不需要知道這些。你總有一天可以看，但不是現在。（停頓）他在討論我的靈魂成長。他像是在要求我執行工作。（約翰在大笑）他說我是那麼亮的光，卻讓自己成長得那麼黯淡。這是為什麼我必須回到地球學校。」

朵：這樣才能彌補？

約：嗯，透過瞭解宇宙法則和愛，我可以重新發出光芒。比起去其它次元，經歷地球學校比較容易達成。這樣比較快。

朵：你對他這麼說有什麼感覺？

約：嗯，我不喜歡。事實上，我覺得尷尬。我覺得像被責備。我的意思是，他說的很對，是我的錯。我逃避了自己的責任，所以我必須轉世為人。可是他並不是用手指著我說，「不對，不對，不對，不對！」他是用很慈愛的方式。他現在抱著我，對我說：「祝你任務成功。」

我忍不住問：「我好奇我的線在哪裡？」

約：有，你的線在這裡。你的線是亮銅色，而且它越來越亮。它一開始有些小，然後越來越大，影響了許多其他的線。這個掛毯很神奇。（突然地）他在要求我們離開。「你在看你自己的人生，這時候這麼做並不好。」

朵：對，可是這只是人性的好奇。

約：他現在帶我到了階梯。（笑聲）他說：「你為什麼不走下去，看看那裡有些什麼？」

朵：我們好像不該太愛追問。

約：對。他說：「你們現在看的已經夠多了。」我想掛毯看守者是指我們不該看太多自己的未來。

朵：有道理。因為如果我們知道了自己會發生什麼事，我們還會去做我們原本計劃要做的事情嗎？好，那你認為我們應該離開了嗎？

約：是的，我現在正從掛毯室走下階梯。我現在在智慧殿堂朝走廊走去。牆面看起來都是寶石，有綠寶石、紅寶石、翠綠橄欖石和水晶。好美。好燦爛，好神聖。我感到……這是很寂靜的感受。前面是圖書館，我現在正走進去。壁爐臺和門上都是寶石，各自散發著光芒。我在一間非常大的書房裡。這裡有所有主題的書和卷軸，架上有各類手稿。有道美麗的光在流動，光照亮了整個地方。這個建築是由金、銀和寶石組成，但它們都能反射光，所以你能夠閱讀。整個大樓似乎是由這個奇妙的材料所構成。

我對這個靈界的圖書館並不陌生。透過個案的協助，我曾經去過那裡很多次了。好幾個人曾提到這個地方，他們的描述只有些微不同。圖書館的管理者總是很熱心地幫助我找尋知識，我也利用來到這裡的機會取得了許多資料。

朵：這裡是我最喜歡的地方之一。我喜歡有書和手稿的地方。這裡還有其他人在嗎？

約：噢，有別人在其他地方。這裡很大，幾乎是一座大教堂那麼大。有個人在那裡——他是靈魂，他在發光。他在說關於準備去地球學校的事，現在只有幾個人在聽。其他人成群或各自安靜地拿著書或手稿走到別處。這裡……(他有困難描述)像是學者的氣氛。他們在研究。每個人都有目標，清楚自己要做什麼，這裡有種平靜的感覺。整個地方似乎有樂音飄揚，但聲音很小，勉強可以聽見叮噹聲。很好聽的音樂。
朵：聽起來是很美的地方。
約：是啊，這裡真的很棒。每樣東西都在發光，每個人都穿著美麗的長袍。衣服看來像是透明的，但有發光的金屬色穿透衣服。那是他們的光環（譯注：或稱氣場）。
朵：那裡有負責的人嗎？你要怎麼找東西？
約：有，有個指導靈，他是圖書館的管理者。他在桌子那兒，他現在正在寫東西。他問我：「你有什麼要求？」
朵：他現在很忙嗎？
約：噢，沒有。他說：「不忙不忙。太好了。能夠提供協助很重要。」
朵：好。他可以幫我們找資料嗎？
約：他說會有一些限制。
朵：他可以跟我們說是哪些限制嗎？如果我違反了規定我會想知道。
約：他說：「探索太多你的未來並不好。這是被規定『不可以』的。這麼做不好，這會造成不和諧。」
朵：好的。我們不會這麼做。還有沒有其他規定？

約：他說那就是主要的限制。

朵：還在世的人被准許來到這個圖書館嗎？

約：他說：「是的，他們透過靈魂出體，透過夢來到這裡。事實上，作夢就是在靈魂出體。他們來到這裡，但他們並不是一直都知道自己在做什麼，因為對他們來說還是有些困惑。還在世的人來找我們的情形很罕見。有一些，但不多。」他在帶我四處看。那邊是有個巨大圓頂的圖書館，大家聚在一起研究和討論問題。如果他們想的話，他們可以到這個房間周圍的觀看室去看。所有的知識都儲存在這裡，但它不像電腦。這裡不需要電腦。資訊就是透過智能的思想傳遞。他說我們可以去繕寫和收藏文稿的房間。資料就是在這裡被讀取。這是跟寫作與閱讀有關的人喜歡來的地方。這是屬於圖書館大樓的一部分。

朵：那是在圖書館的不同區嗎？

約：對，這是為了那些不是非常進化的靈魂。中等進化靈魂的意識仍然需要書寫的文字。

朵：他們不會瞭解觀看室？

約：嗯……他們會瞭解，但他們選擇透過閱讀書裡的文字來瞭解。

朵：這樣他們就可以拿書坐在這裡閱讀，也可以寫字？

約：對。也可以寫在上面。有些人是這樣。

朵：可以這麼做嗎？這樣不就會改變它們？

約：他說：「對，這是被允許的。可以讓靈魂成長的事都被允許。這是為什麼有時你們會看到小孩生下來就有嚴重的臉部缺陷。一切都被允許。這都是為了達到靈性完美的目標。」

朵：但我以為他們不會被准許在那些書上寫東西，因為那是永恆的紀錄，不該被塗污或改變。

約：掛毯是永恆的。那是唯一不可碰觸的事物。但他說，任何對靈魂成長有必要的事都是被允許的。對某些人來說，那是書。但對最進化的靈魂而言，那只是資料。

朵：那麼最進化的靈魂是比較能吸收觀看室資料的了？

約：沒錯。

朵：我想知道對於誰能夠來圖書館有沒有什麼限制？

約：沒有限制。真的。不過低階能量的靈魂會發現很難踏進這區。他們害怕這個區域，因此管理員說他們並沒有想來這裡。

朵：我好奇這裡為什麼會讓他們害怕？

約：他們仍然帶著前世大多數的負面特性。貪婪、妒嫉、淫欲，那些降低人們能量的東西。因此他們大都停留在他所稱的「較低的星光層面」。他們的確有困難進入這個區域，他們有點像是被排拒在外。

朵：聽起來他們也不會要尋找知識。

約：他說：「我們在此是為了要協助他們。事實上，我們在較低的星光世界有圖書館分館。這要很有靈性的存有來管理這些分館。可是那些分館的使用度很低。這些較低階的存有仍然在尋找肉體形式的經驗。這是為什麼這些低階靈魂常常出沒在會使人類靈魂墮落或退化的地方。」

朵：我很好奇我們為什麼被允許來這裡？

約：你的目的很明顯。

朵：所以他們知道我們在尋找資料的原因？

約：哦，他們瞭解。他說：「你們讓自己進入一圈白光，我們就知道你是在較高的星光層。而且我們能夠知道你尋找的背後動機。沒有什麼可以被隱藏。」

朵：我們會被允許查看某些資料嗎？

約：他說你可以去觀看室。

朵：那是哪裡？

約：他現在帶我到另一個房間。

朵：好的。我對不同的存在層面很有興趣。我認為如果可以在觀看室觀看可能會比較容易，而不是真的去不同層面。要你那麼去試可能會不舒服。管理者如果可以給你資料或讓你看到就會比較輕鬆些。他可以這麼做嗎？

約：可以。他說星光層分成三部分：較低、中間和較高的星光層。

朵：首先，我對較低層面好奇，所以讓我們從那裡開始。他可以告訴我們那裡是什麼樣子，哪類型的人或靈魂會在那裡嗎？

約：好。我們已經走進觀看室，他現在在讓我看。他說：「只要把注意力放在你想看的東西，各類影像就會出現。」它們現在在牆壁上。

朵：是牆面上的螢幕嗎？

約：並不是真的是個螢幕。它環繞著你。我現在就在它的中間看著畫面。他說較低的星光層很可怕。他這麼說：「我們為這些較低的存在體祈禱，他們就像是被綁在地球一樣。他們不是人類的形式，但仍然在地球。」而且他們就像……噢！（厭惡聲）好粗野。

朵：你看到了什麼？

約：我看到有人被槍殺。（不舒服的語氣）而且有一群靈魂看著事情發生然後大喊，「哦，太棒了！看看那些血。」

朵：你的意思是他們在看一個活人被殺害？

約：他們在看兩個人。兩個黑人因為毒品交易互相開槍。那裡有……哦！大概有一千個靈魂在看。他們說：「哦，那邊又有一個！接下來我們要去哪裡？哦，你看那個女的。有人在強暴她。我們來看這個。」他們在觀看所有殘暴的事。然後管理員跟我說：「他們必須看這些才看到他們所過的人生。他們生前的生活就像這樣，很墮落。」他說這些靈魂必須從中學習教訓。

朵：你是說在他們死後，靈魂就是停留在這些地方嗎？

約：他們的靈魂是被迫的。他們的靈魂沒辦法到更高的地方。你看，他們的振頻，他們的靈性非常低，是很沉重的頻率，無法到任何更高的層面，所以他們只能觀看肉體世界。他們跟這個世界互動。

朵：我在想，這聽起來有點像我們對地獄的描述。

約：地獄是一種說法。而那也就是地獄了。因為直到這些靈魂輪迴轉世，並在靈性上進步之前，有時他們會一次又一次地重複類似情況。他說他們有的很野蠻殘暴，他用這個字：「殘暴」。

朵：我一直認為並不是真的有地獄這個地方。

約：對他們來說那就是地獄。因為如果他們在世使用過量的毒品或酒精，或是被淫念和貪欲操控，那些負面就依然在控制他們。他們在死後仍舊會有那樣的渴望，但他們無法顯化而得到滿足。這是為什麼在你們離開這個星球前，不要有任何這些……所謂的「惡習」就非常重要，因為你會帶著它們到下一個界域。他說：「譬如說，這裡有人想要香煙，可是他們不能抽，因為我們這裡沒有。所以他們會在那些想抽菸的活人身邊徘徊閒晃。或是生前有使用毒品習慣的靈魂，他們會圍繞在注射毒品的人的身邊。」

朵：你的意思是這些靈魂試圖藉此得到同樣的感官刺激？

約：是的，他們試著這麼做，所以在這些人身邊聚集。那些在世時被欲念控制的靈體會聚集在眾人進行那類欲念的地方，像是妓院之類的。他說：「這些是星光界較低階的居民。」

朵：聽起來像是惡性循環，好像他們哪裡也去不了。他們要怎樣才能離開那個地方？

約：他說這是為什麼大家需要為已逝的摯愛親友祈禱，因為這會幫助他們看到光。他們就像是住在自己的地獄。可是，他說當他們覺得自己受夠了的時候，指導靈就會前來。

在他們學到了要說，譬如，「我厭倦了一直看這些人做我沒辦法做的事。」之後，指導者就會來引導他們，並讓他們看到改變自己的方式。他說：「當他們轉世的時候到了，我們就會處理。」他說他們都會去電腦室，那是他們被重新評估的地方。電腦室會設定並尋找符合某個轉世時間和那世將教導的課題型態。他們會快速地看到可以如何使用那次人世。可是他說：「這些很快就會改變，因為地球將會變得……對這些靈魂來說，過於高度進化。所以我們將把這些靈魂送到一個……」（約翰突然笑了）你知道，就像「好吧，你曾經在這裡有過機會。下艘船是開往大角星。」（滑稽的語氣）事實上這有點好笑。這個指導靈很有幽默感。（笑聲）他很開心。他有點矮胖，他在說：「對啊！你在這裡曾經有過機會。現在我們必須把你送到那些靠近大角星的星球去了。」

朵：那些星球會有負面事物嗎？

約：是的，那些是還在進化的星球。可是這些靈魂不會再回到這裡，因為這個地球行星在變化中。我們現在在看的這些是低階、頻率沉重的靈魂。他說：「較高階頻率的靈魂不一樣。當他們的身體死去，他們通常是前往智慧和知識殿堂，因為他們以前曾經去過那裡。」

這可能就是學校所在之處。

朵：他們越過了所有負面的地方。

約：他接著說：「然後還有中階的靈魂。他們喜歡跟已逝親友在開心的情境裡。那裡有房子、湖邊的度假區和船隻等等。」

朵：你是說跟他們在世時的生活方式很像？

約：沿著湖岸的一邊有各種不同樣式的房屋。其中一個陡峭的山坡上，全是很美的房子。如果他們選擇，他們可以住在這裡，尤其是那些有困難適應星光層的靈魂。他們大多數時間都會在這裡。

朵：你的意思是他們想住在熟悉的房子裡？

約：沒錯。他們可以住在跟他們在人世時類似的房子。

朵：這些房子裡有家具和其他人嗎？

約：房子裡有別的人，他們也可以顯化出他們想要的任何事物。所以如果他們想要裝飾藝術時期的家具，他們就可以顯化出那個時期的家具。如果他們想要藤製家具，他們就有藤製家具。想要路易十四風格，就有路易十四風格。不論想要怎樣的風格，他們都能擁有。(笑聲)你看，這些並不是高度進化的靈魂，他們只是在那裡等候他們下一次的轉世。看起來似乎只有高度進化的靈魂會在圖書館和這個建物的其它區域。別的靈魂還是很地球化的。

朵：也許那就是他們所能理解的了。

約：是這樣沒錯。你說得很好。

朵：也許他們認為那就是死後世界所能存在的了。

約：有同樣想法的人通常會聚在一起。圖書館的管理者在說：「就像那句老話，『物以類聚』，那是你們的世界使用的話。要記得，高能量的靈魂會被吸引在一起，就像較低階能量會吸引較低階存有一樣。」這個層級的人想保持他們熟悉的生活方式。他們也用同樣的方式解決事情。這是為什麼許多家庭業力發生在後來的轉世，因為他們對這個中層世界有很強的眷戀。這裡有低階星光界，中階星光和上層星光。中間的就是這些類型。有點像住在郊區的美國人。那裡有不錯的房子，居民和親友互動良好，他們有美好的舊日回憶。有時候指導靈會到某間屋子告訴他們該為下一次人世做準備了。他們會說：「嗯，我們只是想再多享受一下跟家人相處的時光。我們有時間嗎？轉世對我們的靈魂成長真有幫助嗎？」然後指導靈說：「是的。你們的確需要去殿堂了。」

他們會有些害怕，是那種「我可不確定」的心態。

朵：他們想留在熟悉的地方。

約：沒錯，他們不喜歡往前進。他們能夠顯化美好的事物，而且很開心。接著我們來到更高的星光層。他說這就像你們有不同的社會階層一樣。中階星光層不錯，就像到了一個很好的郊區。上層星光界的美麗景色很壯觀，這裡有花園和所有美麗山巒、海洋、河流、湖和瀑布的原型。它們都在那裡，好美。智慧殿堂就位於此處一個像寶石的美麗城市裡。有些上層星光的靈魂的住所被群山環繞，但他們會到殿堂來。他們是喜歡家庭生活舒適感的靈魂。他說許多高度進化的靈魂喜歡這種生活。這是為什麼他們有小別墅在山坡上。很美。

朵：聽起來靈魂是去他們覺得熟悉的地區。而且除非他們準備好，他們不會繼續到下一個層面。是這樣嗎？

約：對。他說必須進階到一定的程度。但他說當你來到這裡，上層星光界會是你想去的地方。他說：「那裡實在很美好。中層星光很重要，這是多數靈魂來的地方。這些靈魂並非好或壞，他們並不墮落，他們只是想看看他們的家人和朋友。他們需要時間。但當他們該到電腦室的時間到了，也就是他們該離開的時候了。」

朵：他們沒辦法說什麼。

約：沒辦法，他們不能說什麼；這就是讓人難過的地方。他說：「這是為什麼當你在上層星光界的時候，你有多得多的選擇。知識讓你自由。」

朵：每個人最後都會去電腦室嗎？

約：喔，是的。他們全都會去。電腦室是處理室。但他說較低階的存有只有幾年的時間可以再轉世。他不能讓我看電腦室。這間處理室基本上只有指導靈可以來。這是很重要的地方，但他說即使你是在星光體的狀態，現在也不能進去。

朵：沒有關係。我們不必看。我們只是想知道這方面的事。

約：這裡處理排隊轉世的靈魂，為他們搭配適合的身體。可是他說來自上層星光界的靈魂若要轉世會是不一樣的。這些靈魂就像是有好的證明，所以有優先權。（笑聲）我是說，他們有些就直接被「送出去」。（笑聲）那是我得到的印象。他說是真的，有些靈魂是這樣。他說因饑荒死於衣索匹亞或這類情形的人，他們所受的許多痛苦是因過去世非常放縱所致。

朵：那麼他們會被安排到一個活得不久的人生。那個人生長度只要能彌補過去世的行為就足夠了。

約：要受苦。這是為了教導他們必須在靈性上成長。

朵：好，電腦室也是處理和家人間業力的地方嗎？

約：這裡就像一個巨大的電腦處理中心。我看到房間的樣子，但我不能走進去。那裡有一排靈魂都在等著進去。可是當有較高階的靈魂來了，他會得到優先的服務。他們已經知道他很快就會被處理。他被帶往另一個方向。

朵：那麼許多這些較低階靈魂是被送到發生大災難和饑荒的國家，過著可怕的生活，然後一起死去。他們是回到地球那些地方生活的人嗎？

約：不是。他說不要用那樣的角度來看。他們是在償還他們濫用身體的那些人世。他說你也可能會這樣。你濫用或虐待你的殿堂(指身體)，你會因此受苦。

朵：人們對天堂的描述符合任何的星光層嗎？

約：他說上層星光界跟天堂非常相似，因為很美。

朵：那是他們的天堂？

約：他說不是；相信天堂和地獄的人仍然是在中階的智慧。不是的，他們的並不是天堂或地獄，是一個看起來位於近郊地帶的好住宅區房子。那是他們的期望，因此也就是那樣。在這裡並沒有彈豎琴的天使。

朵：我懷疑那裡有任何人帶著豎琴飄浮在雲上嗎？（笑聲）

約：這裡沒有雲。上層星光界真的很美。它充滿了像寶石的各色花朵。這裡真的可稱得上是天堂。

朵：它跟人們所期望的天堂挺一致的。他還可以告訴你更高階的層面嗎？還是這就是最終極的了？

約：他說上層星光界就是高階了。然而還有更多更高階和進化的等級在此之上。「可是你現在仍在身體裡，所以你有其他事要關心。」他說：「不要再看了。約翰，以你覺知的層級，這樣就夠了。」

朵：當你到了那些較高層級後，你還要再回來投生為人嗎？

約：不用。他說在宇宙的計畫裡，你會有許多重要得多的任務要進行。你通常不會以肉身再次回來，除非是非常重要的任務。他說歷史上的偉人，譬如耶穌和佛陀就曾經是非常高階的星光層存有，又再回來地球。

朵：他們回來是有目的的。

約：是的，非常重要的目的。

朵：我想知道，我們進化的目標是要超越那個層面嗎？

約：他說我們超越上層星光界，就會進入靈性的更新／再生，我們會學著做宇宙的靈魂。我們就不會只被地球的星光層束縛。我不明白。但他說：「在現在這個時候你是不會瞭解的。」（笑聲）

朵：我們最終的目標是什麼？

約：完美。增長。如你從你們的物理法則所知道的，能量既不能被創造也不會被摧毀，它只是在回到源頭的路途中改變形式。而當它到達源頭的時候，它會是同樣的能量。他說這也同樣應用在靈魂的物理。他說：「這是提示。你要自己想。」

朵：但最終的目標是完美。而為了達到完美，我們必須在地球上經歷好幾次人世，然後進化並超脫地球的轉世？

約：他說每次人世都會教導你在追求完美的路上所需學習的不同品質。你不是只有好幾次人世。有些人有三百、四百、五百或六百個人世。

朵：當然了，有許多人必須重複他們的課題，不是嗎？

約：沒錯。他說有些進化的靈魂也許可以在十次人世完成學習。但平均數是一百二十個。（突然地）他現在說我們已經看很多了，現在是時候離開這裡了。他正在帶引我走出圖書館，他讓我看到一條通往殿堂區域外的台階，這個台階一直通到一個令人屏息的美麗花園。他說：「你要不要去看看那外面有些什麼？」我有種我們問太多問題的感覺。我現在走在這個花園裡，真是美。這裡有噴泉和水道。鳥兒在唱歌。花香怡人。這裡有個發光的靈體，他說：「讓我們來談談這個花園。這裡是你們在地球擁有的所有花朵、樹木、池塘、湖和噴泉的原型，因此它更為細緻。」這裡的一切都好精緻。花朵就像手工切割的寶石，它們的芳香不可思議。想像這世上最好最昂貴的香水剛噴灑在這個空間裡。我的意思是，就是那樣完美的香味瀰漫在空氣中。感覺就像大自然給你滿滿的愛。這裡還有美麗的蝴蝶。喔，這一切真是太美好了。這裡好美，這是物質世界的花園原型。這裡才是世界，真實的世界。星光界，死後的世界是真實的世界，而這個花園是我們地球花園的原型。

朵：我在想地球的花朵。它們會盛開，也會枯萎。

約：不，這邊的是永恆的。它們從不改變。這是為什麼它們是寶石般的完美。

朵：就像最完美的玫瑰或什麼嗎？

約：是的，每個花瓣都無比精緻。花朵就像是最完美的寶石。

朵：樹木也一樣嗎？這裡有最完美樹木的範例？你是這個意思嗎？

約：他說在你們的世界，物質世界的樹就是這裡的樹的映照。

朵：我以為是相反的，也許星光界是這個世界的反射或倒影。
約：喔，不，不，不是的。他說：「這個世界好多了。在你們的實體世界所創造出的所有美麗事物，在這個世界都有一樣的複本。地球只是靈性世界的一個映照／反射。你們的世界好粗糙和粗陋。」這是看護這個美麗花園的看守者說的。
朵：所以每個地方都有守護和管理的人？
約：是的，在這個綜合建物的每一處都有不同的看守者。那邊有座美麗的湖。
朵：哪裡？
約：花園裡。沿著湖岸的一邊有各種不同樣式的房子。這裡所有一切，噴泉、殿堂、山脈和景色都是完美和永恆的。它們顏色的強度令人屏息。要形容這個地方不可思議的美麗是不可能的。好，他在說我們也許應該回去了。他說：「你已到此一遊。現在，回去了，約翰，回去。」
朵：好。可是那裡還有沒有什麼地方是我需要知道的？
約：沒有了，不是現在。他說有些地區會偏離了重點，因為就像拖著一個幼童或幼稚園的小朋友去大學一樣。他說那些資料對你們現階段並非必要。
朵：好的。可是請告訴他，我在努力找這些資料，這樣害怕死亡的人才知道在「另一邊」

是怎麼回事。這是最重要的。也許他們知道的話就不會害怕死亡了。

約：他瞭解你的工作。他說很好，很棒。但他也說有些事還是要隱藏。

朵：嗯，我可以理解。

約：然後他說：「保重了！在愛與光裡感受開心和喜樂。祝福你，白光的圍繞會令你感到平安與快樂。」

朵：好。所以他認為我們今天不該再問更多問題或找到更多資料了？是這樣嗎？

約：（驚訝狀）他走了！

朵：好，你現在在哪裡？（停頓）你現在有看到什麼嗎？

約：我在灰色裡。就這樣。一片灰。是某種雲。

朵：好。顯然他們要我們停止發問。你可以接受嗎？可是我想你並沒有什麼選擇，是吧？（笑聲）

約：（困惑狀）我已經不在那裡了。

朵：沒關係，我們確實有不少收穫。

我接著將約翰帶回完全清醒的意識狀態。我對於不能繼續探索感到有些失望，可是當他們停止了交流，我們就沒有選擇。這就好像我們只被允許進入到某個特定的點，而一旦他們決定是我們該離開的時候，他們便將我們推出門外，關上大門。我們與這個地方的聯繫已完全被切斷。這個情況很不尋常，顯示了絕對不是我們在控制這個催眠療程。

# 第六章
# 不同的存在層級

有關存在的不同層級的資訊，是在我和一位處於轉世過渡期的女性個案交談時出現，她在靈界的學校學習，但她說的學校跟我先前聽過的知識學校不同，雖然兩者間有些相似。她說那個學校是位在第七層。

S：我在學習如何運用人生的日常經驗，使它們發揮價值、變得有趣，讓許多事有意義。我們在學習地球正經歷的不同階段；我們試圖幫助人們增加知識，這樣人類才能採取必要的步驟前進。

朵：你的意思是擔任像指導靈之類的工作嗎？

S：某個程度上，沒錯。也許是幫助人們打開心，接受各種可能性。

朵：你可以從你現在所在的地方協助嗎？

S：大多的協助就是來自這個層面。我們努力吸引那些我們覺得有能力處理我們所提供的資料和知識的人的注意。只有一定的人數對第七層的資訊是開放的。較多的人能收到第六層的資料。但我們在努力讓一些人打開心，譬如靈性領袖或發明家，還有那些許多人認為不重要，在未來兩百年不會被記得，可是他們做的事卻很重要的人。也許他們是未來某個知名人物的父親，或是指導或教導這類孩子的角色。

朵：你們有試著在人類的心靈層面運作嗎？

S：有。我們會透過他們的夢之類的。

第七層似乎是影響發明、音樂和創意的來源。我一直覺得這些想法瀰漫在氣層裡，只要這個世界準備好，而且有人對這些概念開放並接收到想法時，那個人就會是發明者。我認為「另一邊」並不在意是誰在創造，只要是時機正確的時候完成。這可以解釋為何世界各地有許多人在同一個時間進行同樣的事，為同一件事努力，並且急著完成。許多知名的發明家和作曲家都表示他們是在睡夢般的狀態得到靈感；這時候的心靈很容易接收到這些能帶來幫助的影響。

朵：你可以解釋這些靈性層級或層次嗎？

S：如果你想像一個上下顛倒的金字塔，上帝會是在最上面或最長的邊上，而人類會是在底部或尖端。中間是不同的層級，數字愈大表示靈性程度愈高。當一個人在這些層級不斷往上，他擴大了他的覺知並且更接近上帝。然而，金字塔的比喻在幾個面向上並不夠完整，其中之一就是頂端或最長的部分必須是無限的。上帝是無限的。

朵：我們要如何在這些層級上進步？

S：你現在就正在透過你所在的層級進步。以肉身的形式體驗是一個方式。

朵：這個進步純粹是指靈性的發展嗎？

S：靈性的發展，沒錯。身體的發展是另一回事。

朵：為了進步，我們必須經歷一世以上嗎？

S：如果你不想的話，你並不需要有人世經驗。化身為人類並非必要；這樣做不過是比較有效益。

朵：對什麼比較有效益？

S：對你。對你的時間。對你的學習經驗。比起留在靈界，體驗肉身是較為完整的學習。這是到達終極目的地的捷徑。

朵：終極目標是什麼？

S：與上帝合一。再度與上帝結合並達到完美，到時你們就不必再回來了。

朵：有很多靈魂到達了這些層級的最高階嗎？

S：有很多靈魂已和上帝一起，再也不需要回到較低層級。

朵：這通常要花上多少世？

S：每個個體不同。如果他們能堅持自己設定的目標與方式，不忘來此的初衷，並和內在自我保持聯繫，堅持走在正軌，就不需要那麼多世。但有太多人陷入俗世的模式，變得自我和虛榮，也因此與他們的靈魂和更深的真理失去連結，忘記了存在的原因。

朵：如果我們沒有化身為人，要如何到達上帝的所在？

S：透過其他方式。透過幫助已轉世的生命。透過在靈界擔任指導靈、老師、協助者、朋友……有很多不同的方式。

朵：如果在「另一邊」就可以做到，那麼在這些層面以肉體方式逐步發展的目的又是什麼？

S：我們是揚升的生命體，我們形成了一個梯子，然而有些生命體的整體目標是固定的。這跟馬拉松比賽很像。有些人就只是停在定點，當跑者經過時給他們水喝。這些跑者就像揚升者，從頭跑到尾。天使則是協助者，祂們不爬升，就只是服務與協助。我們的目的雖是從起點跑到終點，但並沒有什麼第一名和最後一名。在這個比賽，所有通過終點線的都是贏家。

我對這些層級感到好奇，有的靈魂稱這些層級為次元，但從他們的描述，我們可以知道這兩者是同一件事。我被告知的層級有好幾種，有到第十，有到第十三層，也有到可能無限多，這要看當時和我交流的對象而定，然而，他們都同意，爬得愈高，就愈接近與上帝合一。

朵：你可以跟我說說這些不同的層級嗎？

S：我沒辦法解釋得讓你明瞭每個層級或次元，因為你沒有相關經驗去理解，但我會給你一些資料。

朵：地球是第一層嗎？

S：地球算第五層，在這下面還有幾個更低的層級，它們是元素生物（elementals），它們在第一層。這樣的基礎層面是由純粹的情緒與能量組成，它們都是初級／基本能量，你們就是從那裡開始進展的。這些生命形態並沒有個別的性格，它們是等待著時機到來的集體生命，就像人類過去的等待一樣。元素生物終會有人格化的時候，只是目前是在等待期。不要低估了它們的潛能，因為它們會非常有力量，也不要看輕它們，因為它們的未來會相當出色，就像人類走到今天之前的情形。

朵：元素生物和我們所說的「附身」有任何關聯嗎？

S：不是你們一般理解的那樣。附身是有，但元素生物是受到吸引，而不是入侵者。元素生物能被引導，所以相當容易被影響和左右。（第十章有更多說明）

朵：那其他的層級呢？

S：第二層級是樹木和山丘的保護者，它們和元素生物並不同。元素生物通常和地方有關，而樹木守護者各自有負責的一棵樹或植物種類，就像希臘人所說的精靈和樹精之類的。這個層級大致如此。

朵：它們有智力嗎？

S：要說它們有智力，不如說頑皮、喜歡惡作劇，不過它們基本上都很善良，這跟進展有關。你們的實體界只是另一個能量層級，純粹是看你們覺得在哪裡最自在而決定轉世到哪個層級。有些人回來做仙女和矮精靈，因為他們覺得在那個層級很自在。

朵：這可以自己決定？

S：可以，通常他們轉生為你們所說的「小小人」（指精靈）。他們跟精神層級較調諧，因為他們知道其中的能量，也懂得如何操作。

朵：所以真的有這樣的東西存在？

S：有，真的有，但它們是存在於靈體的界域。它們不以實體形態存在，但能以實體形態現身，這很重要。它們能夠在實體層面出現。它們很有靈性。它們的靈魂和你們的靈魂一樣朝完美進展，並能從所有森林、海洋和空氣中的動植物獲得協助，它們在這些地方有呼風喚雨的本事。但如果它們要現身，會以人形出現在綠色地帶，這是為何我們會有矮妖精、仙子和精靈之類的故事。

朵：它們在一般狀態下像靈體，但能以小生物的形態現身？為什麼它們要以這麼不尋常的形式出現？

S：這是計畫的一部分，它們的考驗是學習照顧自然。一旦學會了，它們就能照顧自己。

朵：什麼意思？

S：就是我現在說的。

朵：你的意思是它們能夠演化，最後化身為人類？

S：沒錯，你們在其他世中也曾經是仙子或精靈。

朵：哦？每個人都這樣嗎？

S：沒錯，每個人都是。以你們現在的發展狀態，真的不適合談太多靈魂進化的事，你們不容易理解。但它們就跟我們一樣，都在往上爬，在進化的路上前進。

朵：這是人們對這類東西這麼著迷的原因嗎？

S：大概是因為曾經有過那個階段吧。他們曾經是仙子，尤其是和地球特別調諧的人，他們現在仍能想起以前身為這類造物於地球時的思維。

朵：根據我們的坊間傳說，它們有魔法般的力量。這是真的嗎？它們真的有那些能力嗎？

S：那只是傳說。它們的確有令人驚奇的天賦，但對那些沒覺察到靈魂領域的未受教育的人來說，當精靈現身的時候，人們看到的是靈，而不是實體的生命形式。從靈魂的層面來看，它們確實是活生生的生命。

朵：我很難想像它們是靈，又能改變為實體的形式。

S：它們在必要時可以這麼做，這是為什麼它們不常出現在人類面前。如果你有天眼通，你可以看到自然萬物都有靈在負責照顧的工作。

朵：它們也會經歷我們所認知的死亡嗎？

S：不會，它們不經歷死亡，它們只是更個體化。它們會離開群體靈魂，發展為愈來愈明顯的個體性，開始處理業。

朵：跟仙子、精靈有關的坊間故事流傳了很久，看起來這些故事都是有根據的。人們之所以看到不同形態，像是小精靈、仙子或地精，有沒有什麼原因？

S：它們有些是負責湖和水裡的生物，有的照顧森林裡的生物，有些照顧地球的毛毯——草地。

朵：所以它們才會看起來不一樣，有不同的形貌、形態和性格嗎？（她點點頭）這些生物曾經創造出什麼負面事物嗎？

S：沒有，因為它們的設計不是這樣，不會這麼做。

朵：嗯……因為我想到一些傳說。

S：好，但是惡魔會冒充成它們，這些通常是負面星光層的邪惡存在體，它們曾經住在地球，因無法再轉世地球而氣憤。它們會製造問題。這種事在以前較常發生。現在由於科技進步，人類已經忽略這些靈體了。負面存有會以仙子或動物的樣貌出現來折磨人類，但今天人類已經脫離農耕的生活型態，進入科技時代，這種事不再像以往那麼常發生了。

朵：人類要怎麼知道誰是真的精靈，誰是假的？

S：你不需擔心這個，自然界的靈並不常向凡人現身，這個現象沒有那麼普遍。如果現身，就一定是有重要原因，通常是和土地或大自然有關。舉例來說，如果有人要破壞神聖的土地，這些靈體會試圖接觸人類，在他們睡夢和清醒時對他們說：「請不要傷害這片土地。」

朵：這聽起來很像我們聽過的一些印第安傳說。所以這些精靈已經不像以前那麼常出現了。

S：沒錯，但它們會做對動物和植物有益的事。

朵：我很好奇一件事，每種動物和植物都有各自的保護者嗎？

S：沒有，因為動物和植物都有它們的群體靈，而這些群體靈是由你們所知道的矮精靈和仙子來照顧。個體靈魂照顧這些群體靈，這些個體靈魂就是精靈、仙子等等。

朵：這很難理解，我以為也許是有一個群體靈負責照顧所有的植物，然後這個群體靈再逐漸個體化。

S：群體靈和個體靈是不同的生命體，群體靈並不像提供幫助的靈魂那麼進化。

朵：那麼仙子和精靈是幫助動植物的靈魂，就像我們的指導和守護靈。

S：沒錯，它們就像小精靈，就像動植物界的指導靈和傳訊者。動植物界都知道這些靈的存在。

朵：它們就像我們的指導靈幫助我們一樣。

S：對，只是它們幫助的是動植物界。矮精靈也好，小精靈也罷，不論你想怎麼稱它們，它們都是獨特的靈魂類型，它們在靈性上不斷演化，最後會轉生成人。它們在未來會有這個機會。事實上，我們在前世就曾經是那樣的能量形態，而現在是人類的角色。這些靈魂是為有著群體靈魂的飛禽走獸服務，因為這些動物並沒有個別的靈魂。動物是透過繁衍來見證生命，這是牠們延續的方式。

這個說法聽起來很像傳說和神話，我們向來當成是迷信的「瞎說」而不理會。也許是因為以前的人生活比較接近大自然，他們對自然界的這些事比較瞭解。他們知道這些靈的存在，但也感到害怕。顯然地，出於對自然的崇敬，他們編了許多故事，創造出獨特的生物，這些名稱隨坊間故事和神話傳了下來。以前的人試著去瞭解靈的領域，而今在機械化和複雜的社會，我們選擇了忽視。

朵：但在演化的過程中，這些靈終究會變成人類。

S：對。我真的不該說太多這些資料，但沒錯，它們正學習發展為人類。這些是年輕的靈魂，對全人類和自然萬物充滿了愛，對大自然尤其如此。它們在地球變動後，將會向上演化，因為它們會轉世到肉體的生命。它們現在在幫助世界，為地球的變動做準備，這是為什麼有些人會被指引到這個國家的特定地區生活。當這些靈體化身為人類，這個世界將由低行星的振動系統轉變為反映他們的光與生活的高行星振動。許多靈魂將開始行動，透過投生為人類，幫助重建這個世界，並生產食物和協助因地球變動而受創的動物調適。

朵：我們這類型的靈魂會發生什麼事？

S：當地球變動，不同的靈魂群體會發生不同的變化。我們會向上進化到更高層的意識。

朵：到時我們就不會想要投生到地球了？

S：我們也會轉世到地球，但只是為了完成業力的需求。到時大多數來地球的，會是在靈性上進化的靈魂。進化程度較低的會被送到別的宇宙，再次開始他們的宇宙之旅。

朵：聽起來地球變動後會有很多變化。

S：這些大自然的靈正為此準備。我真的不該再談這個話題了。

地球將發生的軸心轉移和相關機制在《與諾斯特拉達穆斯對話》(共三冊)有更多討論。

朵：好，那動物呢？你說牠們沒有個別的靈魂。

S：沒有，動物的靈魂和人類的不同。牠們的靈魂和人類靈魂非常不同，我無法解釋得非常清楚，牠們的群體靈魂會跟其他元素生物配合。有些動物，像是牛和馬，牠們會成群行動，很容易就看出是有一個群體靈。但動物靈並沒有人類靈魂的人格。然而，它們是生命力，棲身在動物的身體裡。

朵：這些動物和人類一樣有轉世嗎？

S：是有轉世，沒錯。生命力會進入動物身體，從這方面來看的確是轉世。

朵：動物的靈會轉生為人類嗎？

S：(她皺了皺眉，看起來困惑)有，終究會發生的，這是靈性成長的一部分。就像你們會往更高的層面去，動物的靈魂也會脫離群體靈成為個體靈魂，開始牠們靈性成長的過程。許多地球上的人在億萬年前的其他星球也曾經是動物。

朵：這也是進化的一部分嗎？我對人類的起源很好奇，我們最初是什麼形態的能量？

S：我們必須經歷所有發展的階段，包括氣體、物質、植物、動物、人類、靈、神。

朵：所以說，動物是群體靈的一部分，牠可以個體化並脫離群體？

S：可以，這種情形是因為愛而發生。人類表現出對動物的愛，於是給了牠們人格，愛幫助牠們脫離群體意識並更為個體化，牠們的意識因愛而提昇，所以你們應該愛一切造物。但我不懂那些有害的生物，像是蟲子、黃蜂、蚊子之類的。（她做出嫌惡的表情，我笑了出來。）牠們也是計畫中的一部分，大部分的蟲子會存在是有原因的，但我覺得有些蟲並不需要，因為不是很有用。在地球變動後，牠們也不會存在了。

朵：動物的靈是在某個特定層級嗎？

S：有些在第二，有些在第三，也有些在這兩層中間。譬如說，一隻螞蟻所在的層級就跟一隻被疼愛的狗或馬不同。什麼動物在什麼層級並不總是分得清清楚楚。每個生物角色都有許多面向。也有些人雖是地球人類的形式，卻是在這些較低的層級，他們被允許轉也是希望他們能夠提昇自己。有些即使已投生也還是在第三層；他們是那些沒有良知的人。他們就只是活著。他們沒有在生活，他們的生命沒有意義。

朵：你是指什麼？是指他們很惡劣？還是對生活不感興趣？

S：他們沒有分辨好壞的智能。這種人很少。第四層投生為人的比第三層的多。你們所說的反社會人格者就是第四層的人。他們也沒有良知，但他們聰明，知道如何操控別人。

朵：所以第三層和第四層是反社會人格，這些就是殺人凶手和罪犯嗎？

S：對，大部分都是。他們若不是墮落到這個層次，就是還沒到達別的層級。他們沒有良知。接下來是第五層，也就是你們每天的存在層級。也有一些是到了第六層，然後從那裡回來地球層面。

朵：第六層是在地球層面之上嗎？

我當時想試著以具體的界線來釐清每個層級的位置，但之後發現根本不可能。

S：第六層就是所知的靈界。

朵：那些是不想離開地球的靈魂嗎？

S：有時被困在地球層面的那些靈魂是因個人動機，或家人的哀傷把他們留了下來。

朵：地球是在第五層，之後是第六、第七和更高層？學校就是在這些層面嗎？

S：對，學校和老師都在這些層面，第八和第九層是保留給偉大的大師。如果到達第十層，你就再次與上帝合一。

朵：那麼人類會降級嗎？我想到的是人類轉生為動物的理論。

S：不會，除非你非常野蠻。換句話說，如果你的行為就像動物，而你也想變成動物的話，是可以的，但這很少見，通常也不被允許。從前有過這種情形，但現在不再發生了。那是在實驗階段早期的事，之後就再也沒有了。並不是這種事不可能，只是不被允許罷了。要是有人墮落到那個程度，他們可能就會留在這裡，直到有所提昇，而不是到下面的層級。人的心靈是有可能降到動物的層級，但不大可能轉生到動物的身體。一旦有了人類意識，幾乎不可能回到動物層級，因為你們已經進化，脫離了那個階段。

朵：這麼說來，轉生的人類會是在第三、第四和第五層。

S：有時候第六層。

我納悶這怎麼可能，如果第六層是靈魂的界域。

S：你聽過有些人的雙腳是各踩在不同世界的說法吧，這些人對他們周遭的一切有著開明和彈性的心態。

朵：他們可以隨意轉換層級嗎？

S：大多情況下，一旦他們意識到這點並開始面對兩個世界時就可以。然後是第七層，那裡有許多知識和思想的學校，第六層和第七層是大部分知識的來源。有些人類在兩個層級運作，但本身並沒意識到，譬如說發明家不知道自己的想法是從何而來。

我想到常聽別人提「第七天堂」（極樂世界），那裡據說是幸福美好的地方。我很好奇原本的概念是否來自這個不同層級的說法？

朵：休息地是在哪個層級？

S：它不在任何層級，它的存在是為了那些需要沒有任何刺激環境的靈魂，所以它沒有層級。你到那裡便沒有任何刺激。

朵：它是遠離其他層面的特別地方嗎？

S：不見得是遠離，休息地就在這些層面裡，但它自成一格。這很難解釋，打個比方吧，這就像當你從你們星球的地表上升，你會感覺空氣愈來愈稀薄。你愈升愈高，來到了雲的高度，看到一片非常厚、看起來很紮實的雲朵，這片雲獨具一格，但它仍是天空／大氣的一部分。休息地就像那樣。

朵：每次回到轉世的過渡期，我們是會到不同的層級還是回到當初離開時的層級？

S：有時候要看你在那一生完成了什麼事，如果你在那世沒有進步反而退步，你就不會回到當初離開時的層級。有時你會直接到另一世，也有時候你會進入休息期。有時你可能回到學校，但未必是你之前離開的那一個。也許你有其他課題要學，或是看看下一回要學習什麼。也可能你在考慮是否要回去地球，還是長期留在這邊努力。

朵：每個層級都有學校嗎？

S：對，每個層級都有很多學校，像是光的學校、思想學校。每個學校都運用部分的自然律和萬物的秩序，他們希望開啓個體的心，接受所教導的真理，這樣大家才找得到要走的路。

朵：我們必須要準備好才能到下一個層級？

S：沒錯。

這聽起來像是學校裡的升級。也許情況就是如此，而地球只是其中的一間教室。

朵：你的意思是要到下一個層級，必須符合某些資格？而後來是升是降，則要看你完成了什麼事？

S：沒錯，一旦你通過特定層級，比如過了第九層還轉世是很罕見的，因為你不再需要相關課題了。除非像我說的，你無法抵抗每天面對的誘惑，無法提昇，反而因此降級。

朵：可是當你到了高層級之後，你就超脫了那些誘惑。

S：如果你已經離開地球人世很久，這就像有人很久沒得到某些東西一樣。如果小孩很久沒有糖果，你今天給他糖，他很可能狼吞虎嚥地吃掉。這樣的情形有時會發生，雖然不像在較低層級般普遍，但還是會發生，就連最偉大的化身（半神半人）也可能會受到誘惑。

所謂的化身，是指以肉體形式來到地球的半神半人，印度教經文中有許多例子。第九層顯然是偉大導師耶穌來自的地方，這也可以說明《聖經》裡耶穌受到魔鬼誘惑的故事；那是他和內在自我的交戰。

朵：地球一定有些什麼不太一樣，才會對人有這樣的影響。

S：你們所說的邪惡，事物的黑暗面，在地球比這邊活躍得多，而且牽引力更強，沒錯。

朵：這會讓人很難抵抗。

S：但話說回來，在抗拒的過程中，你們會變得更堅強。在這裡，存在很輕鬆，沒有什麼需要抵抗的，你們的成長速度或許就不會那麼快。

朵：所以，看起來就算有最周詳的計畫和意圖回來地球，也不見得總是能堅持到底。

S：「就算鼠與人的計畫再周密，也難免出岔子。」[1]（指再周詳的計畫也會出錯。）你一定要去了，才曉得會發生什麼事。有時候，回去幫助層級較低的人是有益的。高次元的靈魂通常會回到實體世界，提昇人們的意識。

他們就是佛教所稱的菩薩，亦即開悟者，他們因慈悲眾生而返回實體世界。以這樣的佛教觀點來看，耶穌就是菩薩或覺悟者。

S：願意這麼做的靈魂有特許權，他們得到允許回來。

朵：靈魂最終會到所有這些不同的層面或次元嗎？

S：那是我們努力的方向。那就是終極目標。最終計畫是合一，與上帝重聚。

其他個案用不同的言詞表達相同的概念，我不認為他們的說法有矛盾之處。他們傳達給我的訊息會受到一些因素影響，像是靈魂本身的成長、認知的正確度，還有在我們的語言侷限下，他們敘述所感知到的事物的能力。每個靈魂都說我們的語言完全不足以形容他們所見，通常他們會試著用比喻來補充說明，但即使打了比方，還是無法描述全貌。要傳遞在帷幕後的資訊給凡人的感官接收，豈只是困難可以形容。我們只能在人類的限制內，盡力去理解他們提供的訊息。

以下是另一個靈魂談論不同的存在層面。

S：不同層面使用同樣的空間。舉例來說，你現在存在於實體層面，但靈魂面向的你投影在靈魂層面，這是因為靈魂層面也在這裡，只是振動頻率不同。以靈魂的眼睛來看，靈魂層面幾乎就像實體空間，它跟地球同一位置，只是頻率不同。就像收音機一樣，同時在同空間裡發出振動，只是使用不同的頻率。你可以調整頻率接收器，一次接收一組特定的振動。不同的存在層面也是同樣情形，它們同時存在，只是頻率不同，因此才不會碰撞。我不知道這麼說清不清楚。

---

1 出自羅伯特．彭斯（Robert Burns）的《致小鼠》（*To a Mouse*）。

朵：我想我瞭解，我聽過這個說法：你身在一個層面而沒意識到其他的層面。

S：沒錯。如果你在這個層面透過冥想之類的方式察覺到其他層面，你也只是隱約察覺，因為你是在不同的頻率上。你可以改變你的部分頻率，剛好能跟別的頻率互動，因此得知其他頻率的存在，但仍會有障礙就是了，所以才會有透過深色玻璃或薄紗看東西的說法。宇宙有不同的層面，但也有中介層面，需要時，你可以透過中介層面和其他層面互動。舉例來說，有些跟你在實體層面有業的對象，他們可能在不同的層面，也許還沒出生到實體層面，而你需要和他們討論才知道他們下一世的打算。你們可能要商量怎麼做對處理雙方的業力最好，這是業力和輪迴的目的之一，像是何時轉世、轉世的地點。你在睡眠狀態時，可以因這些目的去中介層面。當你在靈界等待轉世時，也可以進入更高的層面。

朵：就算你沒那麼高階，也可以到那些層面？還是說會有阻礙只讓你到某些層級？

S：你的理解力和領悟力決定你能到哪裡。你的心是唯一的阻礙。一切看你的心有多打開，多願意去瞭解，而且如果你想要或需要讓心更開放，一定會得到幫助。

朵：我一直試著去瞭解這些層級，試著想像它們有明確的具體界線，我現在開始意識到這大概是不可能的了。

S：並沒有明確的實體界線。打個比方，在你們的地球層面，站在地表就像在第一層，隨著上升，你離開了地球表面，穿過科學家所標籤的大氣層，像是平流層等，以大氣的稀薄度而定。但在不同層級並非如此，每從一層升到另一層是個漸進的過程，就如你從地表上升，你並不會見到大氣的不同層次，隨著升高，你只是注意到慢慢有些變化，愈來愈不一樣，靈性層面也是如此。

朵：你知道一共有多少層嗎？

S：不知道。我想有無數個吧。有些層面有特別的目的，有些則是一般性的。

朵：如果人們不斷進步、愈升愈高，最高能升到哪一層？

S：嗯……我真的不知道能不能說這方面的事，因為我不確定進步有沒有極限。我沒覺察到有任何極限，我的觀察只到這裡，但比我先進的靈魂能夠感知更多，因為他們比較進化。在我目前的層級，我只知道靈魂可以持續進步，而且愈進步，業就會愈正面。

朵：我想我們不會想要在同一層原地踏步。離開轉世的層面後，我們會再回到當初離開時的靈性層級嗎？

S：不會。大多時候是要看你轉世後的情形，還有你如何處理問題。舉例來說，如果你轉世後，開始固定冥想，就算你是在肉體層面，也對你的進步有幫助。當你回來時，你就能到更高的層級。如果有人暫時被困在特定一層，通常是因為他在那裡有課題要學習，可是有困難吸收。

我試著從這個個案取得更多關於地球上低於人類層級的資料。我說我聽過最低的層級是岩石、植物、樹木等這類能量。

S：我想你指的是元素生物。所有的宇宙，包括這個宇宙和其他宇宙的所有層面都有元素生物，但我現在是只就這個宇宙來說。這個宇宙的一切都是不同強度、不同層級的能量。你們所感知到的物質層面堅實且具體，這只是因為你們身體的能量以這樣的方式和這個層面相容，但物質／實體層面也都是能量，就如你們的原子科學家所知道的。能量以許多不同層級的造物形式表現，譬如岩石、樹木等等，然而這些不必然是較高或較低的能量或存在層級，它們只是能量或靈魂的不同振動。它們是具有力量和生命的生命力，但是依不同的法則運作。我曾和你說過，我目前所在的層面，能量法則的應用與運作方式與地球不同，其他能量層級也是如此。這是為什麼地球會發生看似難以理解的事，因為往往是其他能量層級的存在體影響或造成的結果。他們能夠和你們的能量層級互動。你瞭解嗎？

朵：我在想他們是如何影響我們，或是讓無從解釋的事情發生。

S：你們有小矮人之類的民間傳說，這些可以幫助大家瞭解不同的能量層級。小矮人確實存在，那是位於不同能量層級的存在體，是另一種轉世形態。這些不同能量影響你們的方式是跟你們所具有的心靈能力互動，或是讓你感應到天氣變化之類的，也或者是發生一連串奇異的「巧合」，這些都可能是來自其他能量層級的作用。接下來要說的可能令人困惑，我是不會這樣覺得，但你們可能會。譬如說，如果有人非常渴望某樣東西，那個渴望和意圖的強度會導致特定的能量形式產生，而其他能量層級的存在體會覺察到，因此他們可能會以微妙的方式影響事物，讓某些事情發生。

朵：這些存在體曾經負面的影響事情嗎？他們可以這麼做嗎？

S：有。有些會這麼做，這就像陰和陽，在保持事物的平衡。通常那些「負面」影響事物的存在體，若不是調皮惡作劇，就是那個送出不同渴望能量的人並不清楚自己想要什麼。所以他們認為發生的事是負面的。

朵：我剛剛想的是我們對不好的靈體和惡魔的概念。

S：不是的，那些東西並不是那樣。

有關這方面的問答放在談論撒旦、附身和魔鬼的第十章。

朵：那天主教所說的煉獄呢？這些層級裡有沒有那樣的地方？

S：沒有，我所知最近似煉獄的地方，就是受傷靈魂的休息地，但那跟天主教賦予煉獄的涵義不同，那並不是受罰的環境。真的沒有像地獄或煉獄這樣的特定地方。是你們的心靈創造出如地獄般的體驗；這是過去的人世經歷的結果。

朵：我正要問地獄的事。有些人表示在瀕死經驗中，他們感覺到有處「很糟糕」的地方。你知道這方面的事嗎？

S：那是他們的預期，因為他們相信自己過的一生足以讓他們「下地獄」。由於他們的生活型態，他們吸引了負面能量和影響到自己身上。當他們來到靈界，負面影響仍然聚集在他們周圍，但他們現在能夠覺察到這些影響，也感受得到負面能量，因為他們是在靈魂的層面了。這些東西將他們完全包圍，影響了他們的心靈，使得他們以為自己在一個非常不舒服的地方，事實上這是由於他們前世所吸引的負面能量所造成的心理狀態。

朵：但那不是他們必須停留的地方？

S：不是，地獄的制約只是反映了你在轉世期間的心態。以你們的觀點來看，天堂和地獄的想法多少成了寓言或傳說，選擇相信的人會創造出自己的實相，以致到了靈界，他們發現了自己所協助創造的實相，也因此那確實是真實的。你們的神聖書籍所描述的天堂和地獄，是基於有過瀕死經驗的人的說法。這些人回到人間後，述說自己的所見所聞。他們所看到的一切就是在轉世的過渡期間，他們對周遭精神能量的感知，但他們來得還不夠遠，無法知道究竟是怎麼回事。如果他們的敘述非常美好、愉悅，那裡就被說是天堂，但如果他們講述的是可怕駭人的景象，就會被說是到地獄走了一遭。

朵：他們總是會提到火之類的事。

S：負面能量會折磨你的心，讓你覺得自己正被火燒。那並不是身體的灼燒，因為你已經離開肉體了。

朵：那我在寫書的時候，要怎麼幫助大家瞭解這些事？人們受到教會影響已久，以為事情就是如此。

S：好問題。你可以寫下這一次和你之前的發現，看看這些資訊的關聯。你可以鼓勵大家閱讀瀕死經驗的書，這樣他們才能克服死亡很可怕的觀念。死亡就和呼吸一樣，沒什麼好害怕的。

朵：我聽說如果有人害怕死後會下地獄，他們就會看到地獄的景象。他們認為自己這生做了壞事，地獄一定會等著他們，因此就會有這種不好的經驗。

S：沒錯，是會有這種狀況，因為這是吸引負面能量的心態之一。如果他們預期的是愉悅感受，那麼那就是他們會有的體驗，而且這會讓過渡期好過些。他們可能不用前往休息地調整自己的觀念以擺脫負面能量。如果他們能在人世的時候培養正面觀念，這也有助去除負面能量。來到靈界而有這樣情況的人，通常會被送到休息地，因為他們需要解決這些問題，改變自己吸引負面振動的心態。他們需要弄清自己為什麼會吸引這些東西，他們要知道該如何幫自己成長和改進，才不會繼續吸引負面能量。當他們努力矯正或療癒某些觀念，他們就不再吸引負面能量。沒有了吸引或支撐的能量，負面影響自然會消散，這就跟磁力、電力、重力的組合一樣。

朵：如果那個人在這些負面影響力減弱前就轉世了，會是什麼情形？

S：通常他們會有一段時間是在休息地，努力去除負面影響。如果沒在轉世前把這些東西處理好……我不確定會發生什麼事。我想他們的業力會更多吧。我也有可能不對。我認為當你剛出生，當你還年幼純真的時候，你會被保護，不受這些東西的影響，直到你開始明白對錯，必須為自己的行為負責為止。到了心智夠成熟，能分辨是非時，由於心態已經形成，你的心理狀態決定了你所吸引的力量，也因此往往會吸引更多力量或是負面能量。人死後去休息地，就是為了處理和調整心態，去除負面的能量。

朵：我在想他們是不是回到人世時就帶著這些能量，也因此一開始就會有問題了。

S：在他們還純真的時候，會有一段寬限期，但當到了該負責的年紀，當他們自己在決定要不要做某件事，或這麼做是對是錯，或不論對錯，只考慮自己想不想做的時候，在那個階段，他們所表現的心態會使得那些能量回來。

朵：要負責的年紀是從什麼時候開始？

S：不同的人有不同的年紀，要看他們的發展。有些人也許五歲就開始了，有些則可能要到十二歲左右，看個人而定。

朵：這要看他們對是非的認知嗎？

S：對。有些個體從未喪失純真，那些弱智或智能障礙者一生都保有純真。當他們死去時，在某程度來說是幸運的，因為他們不必努力消除負面能量，他們沒有吸引那些負面能量的心理狀態。再加上經歷那類的人生可以幫助他們處理很多業，將不好的業轉變為好的業。

朵：我好奇為何會有人想當弱智或重度身障？

S：這是不用一直歷經休息地循環的方法之一。有些人能夠在休息地克服自己的問題後轉世，但有些人無法總是這麼順利。

朵：如果有更多人知道死後真正發生的事，對大家都比較好，雖然教會不會同意我所說對大家比較好的看法。（笑聲）

S：是啊，教會向來有不同見解，這些知識對他們來說就是權力。宗教已腐敗為政治或權力的遊戲，為了控制人們的行為，原本靈性的事物變成了工具，教會的某些修飾從基本意義來看或許是事實，然而目前在肉體層面的大多數人，對死後世界的整體情況有嚴重的誤解。

朵：教會讓民眾感到害怕，他們以為不聽教會的話就會下地獄，我想恐懼因此在他們心裡扎了根。如果民眾能對死後世界有大致瞭解，他們就會有更好的心理準備。

S：由於口語的限制，我實在很難描述精確，但或許這些能給人們一些想法，知道實際究竟是怎麼回事。

第七章

# 所謂的「歹命」

S：唯一絕對真實且慈愛的上帝，祂身為所有宇宙的主宰，不愛復仇也不心懷怨恨；不論在哪個宇宙，都沒有那樣的上帝。上帝用不著報復，在祂的生命計畫裡不需要懲罰。今天你們地球上的懲罰不用增加就已夠多了。我們會說業的概念是果，而不是因。這個概念是經過仔細思考後，我們用來解釋事情發生的原因。

朵：我們很難瞭解為何有些人好像比其他人更墮落邪惡。把它看作純粹是來自另一世的業／因果會是個容易的答案。你能解釋為何有些人的一生好像很順遂，有些人卻那麼多紛擾動盪與衝突嗎？

S：或許是因為你一次只看一世吧。假使你是用較長遠的眼光來看待靈魂的發展歷程，或許說，看一百世而不是一世，也許你就會發現沒有誰是每一世都輕鬆，也不是誰每一生都辛苦。在靈魂的成長過程當中，不論輕鬆或辛苦，每一世所安排的都是適合的經驗。那一世的經歷不代表其中真諦，學會的課題才算得上數，而真諦就在其中。那一生的成果是在於所學到的課題，不在於課題有多困難或簡單。你們要是用長遠的眼光來看，就會知道有些世比較輕鬆，有些比較辛苦。說一個人這生過得非常艱辛，只表示他們的課題需要花上一輩子的時間學習，相對來說是比其他人辛苦。

朵：那麼輪迴的目的是什麼？是要糾正過去所做的事嗎？

S：輪迴的目的是要學習更多，不斷學更多東西，因為你不可能在一次簡單的人世就把一切全部學會。轉世重生的目的並不是為了糾正，而是學習更多和體驗更多。你們的知識不可能只在簡單的一世就變得完整。你必須活過許多人世，才能完全明瞭你給自己指定的課題。靈界並沒有手拿鞭子和鐐子的嚴厲工頭，準備埋了你的身體再處罰你，然後把你送回這個令人不快的地球。生命與轉世重生的經驗應該要以更正面的態度看待，也就是以學習與愛的角度，而不是懲罰與悲傷。一切都取決於態度。境由心造，你活在自己創造的生活裡。

朵：你現在所在的地方只有好的、善良的靈魂嗎？

S：是進化中的靈魂。沒有好或壞。

朵：但的確是有不順利的人生，這你怎麼看呢？

S：人之所以經歷不順遂的一生，是因為他們不去處理冒出來的問題，那些他們自己選擇要面對的問題。他們認為既無法掌握自己的遭遇，又何必下任何功夫。然而人生就是要努力面對，不能日復一日得過且過。

朵：有些人在所過的一生裡做了很壞的事。這會有什麼目的嗎？

S：有時壞事不全是那個人做的，還有其他的力量參與。除了能讓別人看到一個人可以墮落到什麼程度外，並沒有意義可言，在這種情形，這就是目的。不過，不論那個人或靈魂有多墮落，他總是有讓自己擺脫那種處境的機會——透過努力和準備，透過面對問題，這些都是該做的事。

朵：《聖經》說我們必須學習做到完美。

S：人類並沒有被期望要變得完美，雖然有些人已經做到。當然，這種事是例外而不是規定。努力成為完美就是課題。

朵：我在想，要達到完美的唯一方式就是學會所有的課題，但在地球層面這很困難。

S：一個人透過體驗不完美來學習什麼是完美，所以學習不完美和學習完美同樣重要，就像要體會過失去，才會懂什麼叫獲得。

朵：意思是每個人的發展過程中，都必須經歷所謂的「歹命」，才能明白這些道理？

S：我們不會說非得如此，但很多人選擇這個方式來加速學習過程。沒有人希望花更多時間在肉體裡，因為這不是真正的存在狀態，所以最能加速學習過程，讓人不用再轉生的課題就是最珍貴或被尋求的經驗。

朵：我想我懂你說我們必須體驗過不好的事，才能瞭解什麼是美好的意思。

S：並沒有什麼規定說一定要經歷不好的事。不過，的確要經歷過某種情況，才能完全體會相反的處境。這不是規定，而是事實。

朵：是的，我聽說人無法體會快樂，除非體會過哀傷。凡事都有相反的一面。

S：一點也沒錯。所以，對於處在非常負面狀態的人，應該要抱持同情心，因為他們正在學習的那些課題可以讓他們變得非常正面。

朵：你覺得他們選擇那些負面經驗是為了成長嗎？

S：很多人是。他們發現自己在這樣的境遇……你可以說他們得到了一份禮物，為的是更充分完整地體驗這些課題。

朵：如果能夠選擇，似乎沒有人會希望有負面經驗。

S：沒錯。一個人的眼光要超越經驗本身，著眼在所學到的課題，才能瞭解為何當初選擇這樣的經驗。如果要從「糟糕」的經驗裡得到快樂，那樣的人格就不太健全。不和諧本身就是課題，這是為了讓人能更充分體會和欣賞和諧的本質。課題就是這麼學到的。

朵：我在想，要轉世的人可能會決定面對負面的體驗以便償還他在前世的行為？

S：我們不會說是「償還」，因為這不是宇宙法則的正確觀念。為了教育或啓發那個人，讓他不再有同樣行為而阻礙進展，有可能有必要讓他瞭解行為背後的道理。為了有這樣的覺知，那個靈魂體驗相對的實相，也就是體驗相反的情境便是有必要的。

朵：這就是我的意思，他們會刻意選擇這些經驗，只是他們會被告誡和提醒，一旦進了肉體，回到了實體世界，他們可能會做得過頭。

S：那些告誡不必然是跟特定課題有關，比較適切的提醒會是跟實體界的其它能量有關。許多肉體本質的能量令人愉悅，但過度沈溺是有害的。而且可能會因過度縱情於特定能量而忘了自己要走的路。

朵：沒錯，凡事都有可能做過頭。我想如果我們人生順遂，一生中沒發生什麼事，也沒有問題要解決，應該會非常無聊吧。所以你認為最重要的是從經驗中學到東西嗎？

S：這是一開始之所以體驗的原因和理由。

朵：但有些人好像沒學到東西，他們就是不斷犯同樣錯誤。

S：直到他們最終學會。之後就沒必要重蹈覆轍了。

朵：有人曾跟我說不論做什麼都不會有懲罰。

S：當然有懲罰，而最可怕的懲罰就是面對自己。我們就是自己的法官和陪審團，我們裁定自己的行為是否恰當。當我們發現自己違反了宇宙法則或個人行為的準則，我們就必須決定補贖的方式。

朵：所以是我們自己決定，並沒有上帝或更高的審判來決定對我們的懲罰，對嗎？

S：這麼說是正確的。然而，有時候個體因過度放縱而意識不清，失去了洞察力，他們無法察覺問題涉及的範圍。這時就有必要協助個體恢復意識的清明。

朵：這樣說有道理多了，有些人說一切都是自己決定，但我認識一位女性個案，她前世犯了很多錯，有位指導靈指示她下一步該怎麼做。聽起來似乎很矛盾，因為這樣的話，她在這件事上並沒有選擇。

S：當有人立下絕對的法則，難免就會有矛盾，因為一定會有牴觸的情形。

朵：也有人說這證明了她無法處理自己的事。

S：這麼說並沒有錯。

朵：你會不會覺得有時候人的性格會陷在負面經驗和情勢裡，而沒有試著去改變？

S：沒錯，許多人在前往既定目標的路上迷失了方向，好似還停留在那些負面經驗。轉世時的確有這種可能，這也是風險之一。由於耽溺於肉體界的能量而忘了自己的路，這樣的可能性在每次轉世前都會提醒。

朵：大師會說：「你可以這麼做，但你有可能會失去自制力。」然後由他們自己選擇。

S：這會是警告而不是選擇了。個體必須依阿卡西紀錄提供的資料和宇宙的真理來選擇自己的路。有了這些資料後，他們決定最適合那一世的體驗，以及要有哪些際遇來協助顯化實相。

朵：那麼罪呢？有那樣的東西嗎？

S：基本上，罪就是明知道不對卻仍然去做。故意去做。如果你不知道那是錯的，就無法有罪。要犯罪必須是有道德觀的。這是人類跟動物的不同；人類有良知。如果一個人殺害他人，而且知道這是不對的，這就是罪，但當動物獵殺其他動物，牠們並不知道這麼做有錯，因此動物並沒有罪。牠們的目的主要是為了食物或存活，從來不是毫無意義。

朵：如果有人不是故意去做，或者是在不知道不對的情況下去做，這樣算是罪嗎？

S：這樣的罪較輕。他們的罪在於沒察覺那是必須學習的事。你們必須學習覺察旁人的感受，必須不想傷害他們，覺察到他們的痛苦就是你的痛苦。

朵：我一直好奇在你們那一邊，他們認為什麼是罪？

S：他們認為罪是嚴重的不公不義。

朵：在地球上，我們的《聖經》說很多事是罪惡的。

S：很多事被說是罪惡的，譬如你聽過的天主教「七大罪」，那是後來他們因自己的意願加上去的。那是一種控制。

朵：所以在「另一邊」並不認為那些是不好的？

S：有些的確不好，但每個人必須處理自己的事。這裡並沒有把人丟入火裡永恆焚燒的懲罰，根本沒有這種事，除非有人那樣懲罰自己。「他們」不會這麼做。

朵：人們說一切都是黑白分明，而且以《聖經》為準。

S：可是好多個世紀下來，《聖經》的內容已經改變了，它被用來反映主事者的真理和他們認為對的事。幾百年來，《聖經》被用來控制世人、控制大眾。他們說，如果你不照我們說的去做，你就會被火燒——在他們所稱的「地獄」裡。

朵：可是他們說那是「上帝的話」。

S：最初是這樣沒錯，在很大程度上，現在也是。但每個人都可以用自己的觀點去扭曲，用自己的想法去詮釋。《聖經》是很高尚的書，書的意圖完美無瑕，但抄本卻多少有問題，有不正確的地方。然而今天《聖經》的本意和耶穌那個時期都同樣真切。

朵：不正確的地方是翻譯的關係嗎？

S：這不是故意的，但人就是會出錯。也有其他的重要經典一樣很有道理，也教導人們開悟，像是《薄伽梵歌》和《可蘭經》。

稍後當個案醒來，我請她再唸《薄伽梵歌》的發音，她卻唸不出來。我們在當時從沒聽過這本書。我後來在法蘭克．蓋諾（**Frank Gaynor**）所著的《神祕學辭典》找到此書定義。「《薄伽梵歌》在梵文中是指『世尊之歌』，出自印度著名史詩《摩訶婆羅多》（*Mahabharata*），文中克里希納（**Krishna**）與阿朱納（**Arjuna**）的對話。對話清楚指出在印度的行為哲學裡，道德與絕對倫理價值之間的關係。此書被認為是梵語文學中最具影響力的哲詩。著述日不詳。」梵語是地球上最古老的語言之一，被稱為現代印歐語系的起源，《薄伽梵歌》已有許多英語譯本。《可蘭經》為穆斯林的聖書，許多信徒認為此書太過神聖，無法翻成任何語文，不過市面上也已有英語譯本。

S：所有道路都通往一個方向。有些人的路上較多岔路，但每個人都可以從中學習，讓自己全面發展且成為完整的人。如果心胸封閉，不打開自己的心，就會失去許多人生體驗。你們絕對不要依賴任何一條路為正道或終極之路，因為所有道路都蘊含真理，但也不乏假相。你們必須在人生中仔細篩選，找到自己的真理，那是對你來說的真理。每個人的真理未必相同，你們必須接受這點。和別人不同本來就不是輕鬆的路。

朵：社會通常不鼓勵這樣的事。鼓勵別人提出質疑是明智的嗎？

S：是的，因為在質疑中，他們會開始探尋並發現真理，而真理會帶給他們持續前進的動力。

## 凶手

朵：人為什麼會成為罪犯？

S：這種事會發生有很多原因，這跟教育功能有關。也就是說，很多人是因為父母疏於管教或家暴而成為罪犯。所謂的犯罪，是指人踰越社會的規範，也就是超過社會可接受的標準。當然，每個社會有不同的風俗，有些活動在某些時間、某些文化是犯罪行為，甚至在同一個文化裡，不同時期對是否犯罪也會有不同的認定。從靈魂的觀點來看，並沒有犯罪這樣的事，因為這是指踰越社會規範的社會現象。我們會認為這樣的行為造成傷害是因為阻礙了個體的進展。無論如何，從靈魂的角度來看，並沒有你們所稱的犯罪活動，而是靈性失衡的表現，但它不是靈魂／靈性的犯罪，而是社會上的犯罪。當表現在實體界的行為超過了社會界線／規範，這樣的行為就被裁定或認定為所謂的「犯罪」。

朵：你說過沒有更高階層的神祇會懲罰你，一切都是自己決定的。假設有人前世是凶手，他們會怎麼懲罰自己？

S：舉例來說，他們可以選擇回來，然後在人生高峰、最快樂的時候離開人世。他們用這樣的方式懲罰自己來實際體會從前被他們縮短性命的人的感受。他們必須知道那是什麼感受。他們必須從另一方的角度來看。

我想我們都知道這樣的案例，這種事令人難以理解。為什麼善良、從未傷害他人的人會在壯年死去，又為什麼有人就在終於實現了人生夢想的時候，突然遭逢不測。這些總是看似不公，但是，顯然在不斷平衡的業力天平上，一切自有道理。

朵：這個懲罰是他們自己選擇的嗎？

S：是他們自己的選擇，從來沒有人被強迫回到肉身。

朵：我一直以為凶手是會被別人殺害而得到報應。所謂凡動刀者必死在刀下。

S：還有其他的選擇。因為要是只有被殺才能了結，那麼這個負面的業就會轉移到別人身上，這只會使業力不斷移轉而沒能得到處理，也就無法解決問題。

朵：要是他們是被從前殺害的人所殺呢？

S：那麼那個以前的受害者就會有殺人的業，雖然他們前世被殺害，但處理業力的方法並不包括反過來殺害他人，這種處理恩怨的方式過於極端，還是有些溫和的方法，而且以溫和的方式解決，長遠來看也比較好。

在我的回溯催眠工作經驗裡，我看過前世的凶手和被害者今生是一家人的例子。在這些案例，他們試著用愛來處理彼此間的業，或許這是較為寬厚或溫和的方法，這會比「因為你殺過我，所以我要殺你」好上許多。

此外，如之前的章節所述，處理業力的方式也可能是回到地球，服務或保護他們曾殺害的人，為對方奉獻自己的一生。

## 另一個說法：

S：因一時衝動而殺人的暴力行為需要好幾世才能償清。償還的方式有很多種，就跟當初的行為一樣。償還的方法要看當事者的業而定。一般說來，凶手在未來的人世會和被他們殺害的人有某種緊密關係，而且通常最初幾世是對立的關係，因為受害者發現自己會莫名地害怕或討厭對方，而凶手卻覺得自己必須認識對方、在他們身邊，因為他想彌補前世的過錯。這樣的業要花上幾世才能解決。一個犯下像謀殺這樣激烈和暴力行為的人，幾乎是無限期延長了他待在肉體層面解決業力的時間。

朵：所以殺人這件事在靈魂層面並不容易解決，必須在實體層面處理？

S：像這種強烈的業，最好是在實體層面解決，因為實體面的低振動可以處理這樣的暴力頻率。在靈魂的層面處理有可能干擾到別人的業，因為其中的平衡非常微妙。

朵：如果兩人間的業力牽扯很強，是不是有可能再次發生殺人的事？

S：這就是靈界學校的意義。學校的目的就是幫助他們解決問題，讓他們在來世不再這麼輕易殺人。我們努力讓他們不陷入惡性循環。

朵：如果他們繼續做這些事，顯然這反映了他們在學校的時間不夠長，沒能去除那些感受。

S：他們會去休息地。嗯……我要怎麼解釋？假使靈魂在休息地並不是因為受傷，而是因為沒有進步，如果他們決定要重回地球，你也只能如此。你會讓他們回去，因為他們是健全的靈魂，只是沒有進步罷了。但如果靈魂因本身前世的行為而受傷，就算他們想進入實體界也不可能，因為他們的傷讓他們無法回去，除非有更高階靈魂的協助。有時候受傷的靈魂會因特定目的，為了處理業的特定部分而轉世，他們會因此得到協助。但也有些時候，靈魂想回去而時候未到，高階靈魂便會說：「不行，你還需要先好好療癒。」

朵：我好奇如果他們想要回來，有任何阻止他們的方法嗎？

S：如果是健全的靈魂，沒有，他們可以轉世回來地球。統管宇宙的力量會維持秩序，確保他們不會轉世到已有靈魂的身體裡。

朵：我有過當事人死了卻想馬上回來的案例。他們並沒有在靈界的休息地停留。

S：沒錯，這通常發生在靈界的過渡期。如我所說，過渡期結束後，如果他們決定馬上回地球，只要靈魂是健全的就可以，因為他們是要解決更多業。但大多數靈魂會選擇待在這邊久一點，以便學習更多東西，讓自己更進步，因為你在這裡的學習與準備都會存在於你的潛意識，你在此獲得的智慧也會影響你在人世的態度，這樣處理業力才會更順利。

朵：這麼說來，立刻要回來地球對靈魂並不是很好？

S：沒錯，可能會有反效果，但有些靈魂就是沒耐性。

朵：我想有些靈魂太專注於實體層面，他們以為這裡就是一切。在這種情況下，他們馬上回來就不會有機會學習處理業力關係或是看到自己的模式，不是嗎？

S：沒錯，是這樣的。他們通常是那些認為自己的人生一團混亂，對生命感到困惑並抱怨「為什麼一切都不順」的人。原因就出在他們是沒有規劃地回來。

朵：他們沒有任何行動計畫。

S：沒錯，所以是一團混亂。他們回來得太快了，而且準備不足。要是他們當初等久一點，把自己整頓好，一切會順利很多。有時候，如果靈魂就是不想改變，他們會被安排在轉世之間的一個特別地方，幫助他們成長和發展，為下一次轉世準備。

朵：那是什麼樣的地方？

S：很難描述。那是處理特殊問題的層面，不像較高的靈魂層級是長期解決問題的地方。那裡主要是協助靈魂在轉世之間解決特定問題，讓他們對下一世有更好的準備，在業力方面能夠進步。不這樣的話，有的靈魂會被困在惡性循環裡，完全沒進展，這樣並不好。靈魂會在轉世之間獲得幫助而進步，因為宇宙的一切必須持續進步。

朵：這個特殊地方像是學校嗎？還是怎樣的氣氛？

S：它像是避靜的地方。

朵：是為了讓靈魂在這裡獨處嗎？

S：不是，是像去修道院冥想、沉思，他們在那裡會遇到指導靈和其他有類似問題的靈魂。他們必須解決問題，弄清楚當初為何那麼做，以及需要發展什麼以便克服問題。

朵：我想到大家對地獄的形容。不是像那樣吧？

S：不是，地獄是基督徒發展出的概念，它真的不適用。地獄的概念主要是一種政治手段，目的是壯大正統基督教的權力並對抗諾斯底教徒的影響力。剛剛說到的層面是你去學習、省思過錯並思考自己所作所為的地方。那裡會有高階的進化靈魂自願幫助你發展，協助你為下一世做準備，因為這是成長的過程。這就像養育孩子。當小孩做錯事，你不會把他丟進烤箱裡。

這個比喻類似我們對地獄的想法——把有罪之人扔入火裡。

S：你會安頓好孩子，跟他們說他們哪裡做錯，幫助他們瞭解為什麼是錯的，並找到在未來面對相似情況時的更好做法。

朵：要是那個人不肯聽，執意要回到人世呢？

S：如果他們沒做好回到人世的準備就不行，因為一切必須平衡才能回去。如果他們看到嚴重的錯誤，卻沒學到任何東西，那就是沒有平衡，他們會要有更多時間在這裡學習。有時候，如果某人沒能從特定的錯誤學習，而又不肯聽，他會被送回類似情境，以便有機會以不同的方式處理問題。這麼做有個前提，那就是不會嚴重影響那個靈魂的業，這樣他要進步才不會那麼困難。

朵：可是有些人似乎毫無道德可言。

S：沒錯。這麼做不是每次都有用，有些靈魂就是履教不改，但大多數的靈魂想要成長，想要變得更好，想要進步。你只要告訴他們道理並協助他們打開心就好了。

朵：那些很獸性的人會怎樣？他們似乎沒有道德和良心，不斷犯同樣的錯？

S：有時這些是發展程度不高的靈魂，他們有很多業，但他們不在乎。他們只想在實體層面享受肉身感官，不在意自己累積的業力。在這裡還有另一個特別的地方，相當於你們實體層面（地球）的醫院，它是為了那些嚴重受傷的靈魂，我們努力讓他們好轉。這很像是精神治療，有時要花上很長時間，但進步卻非常微小，而且過程十分緩慢。

這個工作大多是由高階的靈魂處理，因為這需要超乎尋常的耐心與知識。

朵：對我來說，這個做法很人道，但我一直在想我們對地獄的概念。是不是從來沒有過靈魂受傷太重，他們撒手不顧的例子？

S：沒有，沒有地方可以拋棄靈魂，我們全都在這裡。我們全都和彼此互動，而且必須相互合作。那些特別難處理的靈魂是由最有耐性和知識的靈魂來協助。

朵：能跟那些進化的靈魂合作，對業力一定會有幫助。

S：對，那些通常都是接近或已到達自己（靈性）極限的靈魂。

朵：他們會有無比的耐心，所以絕不會說出「算了吧，他沒希望了！」這種話。

S：不會，他們會持續幫助那些負傷的靈魂。有時候，在經過幾次轉世之後，所謂「人性」的感覺會慢慢進入受傷靈魂的心裡，他們也會開始意識到有更高層面的生命與存在。這時候他們就會開始積極改變業力。究竟送往「醫院」的靈魂受傷有多重？舉個例子，在你們的層面，有個人叫希特勒。他並沒被送到醫院，因為他的靈魂沒那麼受傷，他是被送到這個層面的學習地，一個避靜休養的地方。他需要安靜的時間反省，因為，嗯……他的神經非常緊繃，這是個比喻。他那一世的問題在於他很有創造力，原本會是個有創意的天才，但他無處發揮，因為他成長於經濟大蕭條時期，當時的社會文化並沒有讓他有宣洩創造力的出口。他的創意背後有很強的能量，許多天才總是如此。這股能量必須有其他的表達途徑，而他對人生的看法產生了偏見，思想扭曲，因此發展出那樣的結果。相較來說，這比較是反映了他父親的業，而不是他的。

朵：(這很令人意外)我不會是這樣的想法。

S：因為問題根源開始於他父親不讓他學習跟創造力相關的事物。

朵：可是是希特勒這個人做了那些可怕的事。

S：這很難解釋。(她停頓了一會兒，思索怎麼表達。)他最初是有良好的意圖，他想成為藝術家或建築師之類的，但他不被允許往那個方向發展，能量因此被扭曲。他主要的錯誤在於無法以建設性的形式，以表現創意之外的方式來處理能量，於是他把能量導向毀滅，這是他必須要解決的主要問題。

朵：就算他父親不允許，他當初也該找到比較有創造力的形式來抒發能量。

S：沒錯，譬如他原本可以當工程師的。

朵：這不是在推卸責任嗎？把罪怪到他父親頭上？

S：不是，希特勒自己也必須負責，但是不能只怪他，因為問題起於他父親的狹隘觀念。他父親原可以發展更開放的態度。

朵：但話說回來，他的行為沒有必要那麼狂熱，你也知道當初發生的事。

S：那是創造力的能量太強大，要是他當初能成為藝術家，他也會是個瘋狂的藝術家，對藝術狂熱。但行徑不羈的藝術家是可被社會接受的。

朵：至少他不會傷害任何人。

S：的確，或許除了他自己。

朵：但事情愈演愈烈，影響了好幾百萬人。我原本以為他最後會是被送到「醫院」。

S：他的靈魂沒那麼受傷，是有偏執扭曲沒錯，但沒有受傷。他主要需要的是安靜和時間來釐清一切。那些在醫院裡，那些受傷嚴重的靈魂是因為一而再、再而三經歷同樣的業，他們感覺自己像是被困在業力循環裡。反觀希特勒，這個情形是第一次發生在他身上，他在前世也有強烈抒發創造力的衝動，而他當時可以發展，但這個能量在這世被阻塞。他必須學習的課題，就是在事情無法如己所願時，如何在符合他必須生活其中的模式下，處理那樣的能量。他在這方面沒有做好。這就是他在業力上必須面對的重要課題。他在來世必須重修，必須要能處理不如意的情況才行。

朵：他做的事影響了這麼多人的性命，難道他沒有給自己造更多業嗎？

S：他的確給自己造了更多業，沒錯。但目前很難說到底造了多少，因為這是近期的事。

朵：你的意思是還沒完全分析出來嗎？

S：是的，這需要好幾輩子，要好幾次轉世才能看出這如何影響了事物的平衡，以及他還有多少業必須解決。

朵：我想的是他直接導致了好幾百萬人失去生命。

S：沒錯，他下令將他們處死，但他有部分是受身邊的人影響，而且他個人從中得到的快感，比不上真正行刑的劊子手。我的意思是，他下令殺了那些人，這樣的行為確實會反映在他的業上，但奉命建毒氣室並使用的人，像是守衛和其他人則是親眼看人死亡，直接得到生理快感。

朵：對，他沒有親手殺人，但他也沒有做任何事制止。

S：他允許這些人被殺害，所以這會反映在他的業上，因為他讓這種事發生。他自己沒有直接做，他鼓勵別人下手，沒把自己的手弄髒。他建立的政治制度造了許多惡業，因為准許這樣的事。制度裡有很多人殺人是因為他們想這麼做，這些是不適應正常社會的人，他們透過這些暴行來取得生理快感。

朵：但希特勒也執迷於種族屠殺。他消滅猶太人，他的狂熱迫害了整個種族的人。

S：沒錯。他反對非純正德國人的所有種族，他稱德國人為雅利安人（Aryan，指非猶太民族的白種人）。他希望他鍾愛的德國可以如先前一百或一五〇年的美國，有成長的空間，逐漸發展成強權，也有土地讓人民繁衍。他企望德國成為民族大國，能以文化影響全世界，就像從前的美國一樣。而且他想剷除所有阻礙他達成目標的人種，他的創造力就是在這裡被扭曲，產生了偏見，因為要達成他的目標，顯然必須傷害很多人。要是他當初能把天賦發揮在創意上，他就能對他摯愛的德國和強大文化有所貢獻。

朵：我想他這樣的偏見也會產生業力反應。

S：那是他靈魂被扭曲的部分。他可以透過沉思、跟靈性老師見面來解決偏見的問題。

朵：他絕對是很難瞭解的案例。

S：對，是很複雜的情況。

朵：那「傑克開膛手」呢？他的行為對他下一世沒有任何影響嗎？

S：一定有影響的，我們談這個東西很謹慎，不希望冒犯到你們的禮教和道德標準，因為我們覺得你們的道德觀很敏感微妙，我們不想造成任何干擾。如果我們的見解和你們不同，還請包涵。或許，傑克開膛手從他的經驗中學到了東西，而這對他來說是正面的，當然這對受害者造成許多傷害，而且從你們的社會標準來看，這個犯行非常邪惡可憎，社會無法接受這種行為。但還是可以說這個人從這樣的行為中學到了東西，也許是知道了何謂放縱沉溺、何謂活在自己世界而不顧他人生命，這些對那個個體或許是很重要的課題。我們也可以說，或許你們所謂的「受害者」也有收穫，雖然過程十分煎熬。讓我再提另一種可能性，雖然這麼說可能不得體，但這個事件的參與者在內心都是自願的。他們在轉世前，在規劃階段就同意參與這起事件，這麼做提供了你們的社會一個衡量道德標準的準則；給了你們什麼是社會可接受、什麼是社會不可接受的例子。你明白了在所有的行為，不論是好或壞，人們都可以從中學到課題嗎？不論是直接參與的人或旁觀者都有收穫。因此，那樣的犯行雖很可怕，但不去否認罪行的可怕，並說參與者都有收穫也是可被接受的。讓我來說一下生命力。身體裡的那個意識並沒有被殺害，它只是轉移到另一個存在層面。存在於身體裡每個細胞的生命力都被移轉了，它們並沒有消失。身體的簡單物質組成從有條不紊的狀態變成了混亂。嚴格來說，死亡不過是實體層面的分子重組，並把意識從載具的侷限中解放出來。生命從來沒有消失，生命一直都存在。並沒有所謂的取走生命，因為生命只是轉化為另一種形式。我們現在是純以理論的角度來討論，不談道德標準和情感價值。

朵：那受害者呢？那些被暴力殺害的人呢？那對他們來說是很深的創傷嗎？

S：這有很大一部分是決定於靈魂的準備。有很多偉大的靈魂因戰亡來到這一邊，他們並沒有受創，他們知道死亡會發生，也如實接受。有些則受創過深，必須前往休息地。情況並非都一樣的。兩個人可能在同一瞬間並排而死，你覺得他們受到相同的創傷，但可能只有一個人受創，另一個沒有。

朵：這跟靈魂的年紀和他們先前的經驗有關嗎？

S：比起靈魂年紀，這跟他們每個人心裡對基督的認知比較有關。有時候，年輕的靈魂比稱為老靈魂的對此有更多的理解力。

朵：你曾說過一個人的死亡方式跟生活方式一樣有意義。

S：沒錯。在很多情況下，特定類型的死法會消除許多業。緩慢、耗時的死亡是為了能讓那個人學習，如果他們能從中學到什麼，就能累積許多好的業。

## 自殺

朵：那自殺呢？

S：自殺是非常悲慘的案例，這真的是最可悲的情況之一了。沒有言語能夠形容它的悲慘。自殺者一定要瞭解這麼做有多嚴重，因為這不只是毀約，靈魂的能量也會完全失去和諧。自殺者依據本身的狀況，有時到醫院，有時前往沉思的地方，通常會有一、兩個靈體會被指派跟自殺者解釋為何自殺是大錯特錯。由於生命的珍貴，自殺是這邊唯一真正被認為是罪的行為了。這些自殺者感到迷惘，不明白生命的意義，也不知道要完成什麼目標。他們無法看清要如何處理他們的業。在等待轉世的期間，他們學習拓展觀點，著眼更大的層面，這樣他們才能解決問題而不是放棄。一般來說，自殺者不會很快回到肉體，他們的創傷通常都太深了，無法很快就解決當初導致他們自殺的問題，因此不能立刻回到地球。在這裡會有靈魂跟他們溝通並提供協助。他們必須學到當時為何尋短、為什麼會走到那個階段。在他們能正視問題前，通常需要很久的時間。如果情況很糟，他們會被帶到休息地忘掉創傷，直到他們能好好想想自殺這件事。自殺讓靈魂背負許多不好的業，這些業必須前生和來世以許多善業來抵銷。

朵：如果自殺是最糟糕的事，他們回來後會懲罰自己嗎？

S：他們不一定會在這一世處理前世的問題。有時他們要經過好幾輩子了，才覺得自己能夠面對那些問題，然而所有的問題遲早都會面對。你無法躲掉。最好的處理方式就是回到跟前世有同樣問題的人生。而償還自殺行為的方法就是解決問題，繼續活到老年，過圓滿平衡的一生。償還並平衡自殺的業力可能需要好幾世的時間。自殺者要透過解決從前所放棄面對的情境來回到正軌。他們必須再次面對相同的處境與問題，直到學到可以接受的解決方法。他們絕對不能逃避。逃避只是製造干擾，延遲了自己的進展。

朵：我知道你很難瞭解我們對時間的概念，但自殺的人要多久時間才能從這個行為解脫？

S：每個案例的情況都不一樣，每個靈魂學習的速度也不同，這主要要看靈魂感到迷惘、沒有價值和迷失的程度。自殺不會輕易被原諒，但不是沒有解決的方法，有些事會讓你覺得似乎不可能解決，然而絕沒有解決不了的問題，只是有些情況比較複雜，需要更多時間。沒錯，自殺是最嚴重的過錯，因為這使得業力失衡。把自己殺了不是處理業的方式，那只是增加更多業。

朵：有些人自殺是為了逃避問題。

S：靠自殺逃避問題只會讓問題更嚴重，他們必須重新來過。他們什麼也逃不了：這麼做只是對自己更糟，不但沒有解決任何事，反而製造更多問題。自殺絕非解決之道。

朵：自殺會跟其他人的人生有任何關聯嗎？

S：有。許多時候當有人自殺，這樣的經驗對那個人的家人是學習的機會。譬如說，有個男孩自殺了，他的母親從這件事瞭解到自己以前太專橫，因此學習更體恤他人。雖然這一課非常艱難，但她總算學到了。

朵：在某些情況，自殺會不會就是自殺者的家人或友人的業？

S：(強調的語氣)自殺絕不是業力的一部分，自殺是自由意志。

朵：我懂了，那麼自殺不管在哪方面來說，都絕不會被看作是好的。

S：沒錯，沒有人是贏家。

朵：曾經有自殺直接影響到其他人業力的情形嗎？

S：沒有。因為這樣的話，自殺的人是縮短別人的業，這對那些人來說也不公平。

朵：我聽說來到人世就像是簽了合約，因此自殺形同毀約，也就是沒有履行自己的承諾。

S：靈魂在轉世前會先跟他們的靈性老師見面，他們會明白如果規劃得好，自己在這世可以處理多少業力。這很像是課堂作業。靈魂說：「好，這是我要在這一世達成的目標。」如果沒有全部完成，對他們並不會有不好的影響，他們有沒有努力嘗試才是重點。如果在人生途中，剛開始面對就因自殺縮短了生命……這麼做非但沒有完成任何他們自己說要努力的事、他們信誓旦旦要達成的目標，反而還給自己製造了更多需要處理的業，因此從各方面來說，自殺都是負面經驗。

朵：他們仍然要解決問題和業力。如果他們在達成目標前離開，這就違背了回到人世的目的。

S：沒錯。但如果在一世裡要解決某些事，而這些事在生命完整結束前就都處理完了，他們已沒有需要繼續留在實體界，如果他們想來「另一邊」，他們就不必再待下去。他們可以透過適合的管道離開人世，但過早或在工作完成前就拋棄肉體，這是不被容許的。

# 第八章
# 指導靈

世界上幾乎每個文化都相信有守護天使或保護的神靈，祂們真的存在嗎？

S：有守護靈。一般說來，他們是從前和你關係緊密而現在在靈界進修的靈魂。他們在你們在地球的學習期間協助並保護你們。他們在靈魂的層面發揮作用。

朵：他們是被指派給特定的人嗎？

S：他們可以選擇和誰有這樣的關係。從你們一出生，他們就跟你們在一起了。

朵：所以當靈魂進入身體的時候，並不是孤獨的。

S：從來沒有人是孤獨的。孤獨的感覺就像一面牆，區隔了自己和別人，只要你拆了牆，允許別人來幫助你，總會有人願意分享經驗。

朵：如果他們沒有肉身，要怎麼幫助人呢？

S：如果不瞭解靈界，這就有點不容易解釋，但靈界和實體界一樣，都有要完成的工作。有些靈魂在經歷人世後，必須去靈界的學校進修，有些則是在學校教導。他們還有很多協助的方式，包括為實體界的個體指點迷津。

朵：他們是不是總是為我們著想？

S：大多數時候，在你們身邊的指導靈的確是這樣，沒錯。但你們必須學習保護自己不被那些可能不為你們著想的靈體影響，有些靈體可能不在乎你們好不好。

朵：指導靈是否有足夠強大的力量讓其他影響力離開？

S：有。只要你學著讓自己身邊圍繞的是良善事物，這會使任何負面的東西遠離你。沒有好或壞，只有正面與負面。只要是學到了經驗，就絕不會是負面的。

朵：但有時候實在很難知道某個東西是否對你有益。我們要如何知道其他影響力是不是想把你導到另一個方向？

S：只要開放自己的心，感受他們的建議最終會帶來什麼結果。所有人，你們每一個人都能夠知道的。如果你發現或意會到事情會出錯，你就知道那個存在體並不是為你的利益著想。

朵：但你知道的，人類會被愚弄。

S：我們並不完美，要不然也就不用再來人世了。

朵：我們要怎麼知道是指導靈在試圖影響我們，而不是被其他靈體愚弄呢？

S：如果你想想自己，在日常生活中，你經常天人交戰，不知道要做這個還是那個。譬如說，你在節食時可能禁不起美食的誘惑而想吃巧克力聖代，那個心中渴望聖代的你希望得到滿足，但有另一個你瞭解節食的必要，這個部分的你說：「不行，不能吃。」你知道內心出現分歧。你的指導靈和守護天使感覺起來就像是你的一部分，他們像是你的延伸，你知道是你的另一個靈魂在說話。假使有人給你建議，你卻感到猶豫，那你就一定要注意建議是從何而來。如果是來自你的指導靈，你會感覺是對的。你的指導靈只會提供建議，絕不會逼你做任何事。如果有強迫的感覺，那就不是正面的存有，因為你的自由意志被否決了。你是有意識的決定，而不是奉命這樣做或那樣做。指導靈不會從旁主導一切，這和有些人想的不同。指導靈有自己的角色，你們也一樣。這是一個雙方的共識，一種靈魂與實體的夥伴關係，雙方各司其事。

朵：確實有很多人認為是你們那一邊在主導一切。

S：是的，但他們必須瞭解這些事是雙方都有責任，許多決定純粹是人自己做的，根據的是人類的想法、經驗和人類的概念，而指導靈會試著以他們的智慧與經驗指引你們。如果你覺得在自己的決定和指導靈的指引之間難以取捨，這不是什麼錯，這只是選擇的過程，指導靈只是提供協助，並沒有規定人非得遵從他的指導靈。他們只是你的幫手，你自己才是命運的主人。

朵：那麼指導靈和靈界幫手會試著影響我們去做對的事？

S：這一點需要釐清。影響不是正確的字，指導靈和幫手並不會試圖影響，比較正確的講法應該是「協助」或「啓發」，差別可能看似微妙卻十分重要。地球是「選擇」的層面，你們有完全的自由選擇你想要的一切。如果你在選擇過程中需要協助，這就是他們的功用。他們只是幫助，並試圖讓你看到或澄清一些情況。你們不是從「另一邊」被操作的玩偶，你們的命運穩穩地掌握在你們自己手裡。他們只是旁觀者，在你需要的時候能夠立刻協助，並隨時等候你提出要求。他們不會讓你以為有某種想像的命運；是你創造自己的命運。當你們在身體時也是同樣道理，你們應該彼此無私地互助。有些人覺得不論自己喜不喜歡，都一定要幫助他人，但一個人不該不顧自己當下的情緒，覺得自己非幫忙不可。你應該在你想幫的時候幫，這樣你才能給出最好品質的協助。我們想說的是：請不要覺得自己隨時都必須幫助每一個人。當你想幫忙的時候才應該幫。強迫自己幫忙比完全不幫更糟糕。

朵：這就牽涉到自由意志了？

S：的確如此。

朵：你的意思是，因為我們有自由意志，所以可以選擇聽從或漠視收到的建議？而這點在靈界和實體界都一樣嗎？

S：沒錯，但下這個結論前，請先想像一種情況。如果你看到小朋友在玩一瓶毒藥，你自然會跑過去，把毒藥從他手中拿走，對吧？假設他打你、推你，一直要打開瓶蓋，你會怎麼做？

朵：我會堅持。

S：那如果小孩佔了上風？

朵：那我會說後果自負。

S：我們也會這麼說。

朵：那麼指導靈有可能避免我們受傷嗎？

S：是的，有可能。如果有什麼迫在眉睫的事，他們會通知你，讓你知道。這也只是協助。我可以舉個你可能會認為是指導靈接手控制的例子。當開車的時候，如果對面有來車，而你完全沒察覺，眼看兩輛車就要互撞，這時方向盤可能會突然左轉，避免傷害發生。當然，這種情況沒有發生，但如果你的指導靈被允許這麼做的話，剛剛所說的就是會發生的情形。事實上，駕駛、操縱方向盤的是你，他們只是「通知」你。

朵：如果有緊急事故，他們會那樣做嗎？

S：有必要的話就會，以前曾經有過，但只在很特別的情況下。我不能談論相關細節，因為會影響你和目前正進行的事，但你要知道的重點是：命運操之在己。我再說一次，被迫幫助比完全不幫更糟糕。

朵：但知道在需要的時候，我們可以得到幫助是好的。

S：沒錯，我們這邊常對人類的衝動和沒有耐性感到有趣，這是靈魂世界與實體世界不同的緣故。在靈魂的世界，一個念頭，事情就完成了。只要用想的就有了想要的結果。在實體世界，事情沒有那麼容易，因此人類一定要學習培養耐心。

由於在靈魂層面，一個念頭就能讓事情立即發生，在地球上，人們從起心動念到想法成真的時間比較久，這樣我們才有機會改變心意。如果在實體界，心想就能馬上事成，這會帶來許多問題。因為人類天性的許多缺點（自私、羨慕、忌妒等等），恐怕會製造出混亂。

我們的意圖並沒那麼純淨，而他們說過，對於我們想要顯化成真的事，意圖是最重要的了。

S：指導靈和他指導對象的關係並不固定而且是可變的，每一世都不一樣。如果有需要，在單一世裡也可以改變。並沒有什麼硬性的規定。方式是取決於需求。

朵：指導靈是怎麼安排給不同的人？

S：他們是根據你們生命中某個時期的需求所選出來的。有的人可能是一個指導靈伴隨一輩子，其他的可能只是暫時陪伴，或是依需要來來去去。人的一生中可能有幾個不同的指導靈，他們的功用隨我們人生的變化而不同。

朵：指導靈、輔導靈和靈魂有差別嗎？我聽過不一樣的用詞。

S：指導靈是靈魂，輔導靈的位階則比指導靈高，我們可以向他們吸收更多的知識和經驗，你可以說他們有非常豐富的歷練。指導靈和人世的關係要密切得多，譬如有的指導靈才剛離開人世，所以仍然熟悉實體世界的複雜，而輔導靈通常距離前次轉世較久，他們是來提供資訊。相較於指導靈是近期才離開人世，輔導靈已經進展到不再需要轉世為人，他們各有能力做好被指派的工作。指導靈可能比較熟悉實體界，而輔導靈知道較多詳細資料。

這聽起來像學校老師去見教授或校長，為學生尋求更進一步的建議。老師和學生天天都在一起，自然和學生比較親近，也比較瞭解學生。相較之下，教授或校長可能對學生完全不熟悉，但因為有較多的知識與經驗，所以可以提供諮詢。此外，校長也有好一段時間沒跟學生在教室互動，他們和實際情況較抽離，所以能給予客觀的意見。

我問我們能不能知道指導靈的名字。

S：當有必要或適當的時候，他們就會和你說話。靈界並不使用名字，這裡只有聲音、振動和顏色。命名是人類特有的習慣，名字被用來指認身分。然而，你們給指導靈的名字多少有貶義或是會誤導，因為名字具有振動，為指導靈取名可能會給了錯誤的振動，所以最好是以振動而不是名字來辨識指導靈。

朵：你說誰都可能成為指導靈，要成為指導靈是不是要花上一些時間？

S：這完全要看你如何發展你的業力，有些人真的能夠以正面的方式發展他們的業，在經驗過一、兩次人生後，就能成為指導靈，但有些人則需較多的時間努力，一切要看個別的發展。這和達到特定的靈性層級有關，一旦到達了，你若不是擔任指導靈，就是到議會（見第十三章），要看你在那個時候的成長方向而定。當你的靈性層級在這個層面以下，你仍然會以其他方式成長，以其他方法協助，只是不像指導靈的協助來得直接。

朵：我聽說有些人到了靈界會問：「我現在可以指導別人了嗎？」得到的答案卻是：「你自己都還需要指導，又怎麼當指導靈呢？」

S：嗯，總會有比你高階的靈魂可以幫助你，就像成人幫助青少年，青少年幫助小朋友，而小朋友又幫助更年幼的孩子遠離麻煩。

朵：我以為要有一定經驗的累積或條件，才能成為指導靈。

S：是這樣沒錯。如果你能指導實體界的人，那表示你的靈性成長達到了一定階段，你能以靈性成熟的方式負起責任，你不會做不好。但這不代表你就不再成長了，因為仍會有更高階的靈魂幫助你成長，同時你也協助比你低階的靈魂進步，這就是整個系統的運作方式。

朵：但如果你還沒準備好指導他人，你還是有可能犯錯。

S：可是當你得到這樣的工作，就表示你準備好了，要是出錯，會是……沒有出過那樣的差錯。當你來到靈界，能量模式一目了然，你馬上能知道誰和哪裡相容、適合在什麼地方、什麼層級，以及有什麼能力。你因此能夠賦予他們責任，幫助他們成長，培養新的能力。

朵：所以不會出錯。

S：不會。因為要是出錯，那是定位上的出錯，而不是對方能力上的問題。如果你交代的責任超出他人的能力範圍，那不是對方的錯；是你的錯。

朵：好，他們總是說我們可以從教導別人中受益。是誰在做這些決定？你剛剛說錯是錯在下決定的人身上。

S：我剛剛只是打比方。

朵：我在想那上面是否會有人說：「好，是你該回去當指導靈的時候了。」這類的話。

S：不會。由於這裡的一切都是能量，一切的運作是根據你和能量的契合。你努力幫助他人的同時，你也在累積自己的能量。能量累積到一定程度，就是回去實體層面的時候了，因為要有能量才能突破阻礙，繼續在地球層面處理業力。

朵：所以你自己會知道。並沒有人會說：「好，你該去做這些事了。」

在我們的社會裡，我們習慣有人主導一切，所以我這麼問。

S：沒錯，大家對每件事都很清楚，所以這和要求他人做什麼事無關，因為不論你還是其他人，都很清楚你的需求、你的能力與意願。這裡的一切都是能量形式，每個念頭與意圖都有明顯的能量。如果你重回實體界的時候到了，議會就會發揮功能，決定適合你的模式，這決定了你何時會出生在實體界，出生在什麼地方、什麼人家。

朵：看來議會有很多決定權。

S：不見得，這只是提供協助，確保能量照它應該的方式持續流動。當有人需要回到肉體層面的時候，他們就會再度進入應去的能量層級，那裡跟他們本身和周遭的能量契合，這可確保他們和前世曾有交集的人能夠重逢，於是連動的業力得以進行。

朵：如果有人一切準備就緒，規劃妥當了要回去，卻在最後關頭改變心意。這會發生什麼事？

S：他們不會的。

朵：如果他們想再等等或不想在那個時候回去呢？

S：當再次進入實體界的程序設定好後，可以延遲的時機就已經過了。在你決定進入實體界之前，你想在靈界待多久就待多久，但如果你決定要返回實體界了，一旦你做了那個決定，程序就開始運作。你無法改變心意，因為你的能量會開始往那個方向流動，重新導引回實體界。宇宙的力量就是這樣，一旦你啓動這個程序，你就必須貫徹到底。

朵：我現在想到胎死腹中的嬰兒，也許這個靈魂在最後一刻改變心意不來了。

S：不是的，嬰兒之所以胎死腹中，是因為父母在那時候需要那樣的人生體驗，這是為了業的發展，其中原因則跟個人情況有關。

朵：我以為是那個靈魂説不定還沒準備好，想要再等等，或是不想履行約定。也有早夭的案例，只活了幾個月。

S：那些早夭者的靈魂通常都是高階到偶爾才會回實體層面，他們回來未必是因為需要處理自己的業，而是為了幫助他人的業。只要對方的業會因某個特定靈魂短暫出現在生活裡而受益，他們就會協助。

朵：就只來幾個月？

S：甚至幾天。靈魂接著就重回靈界，繼續做他們之前的事。之後如果他們需要回到實體界解決自己另一世的業，他們就會轉世。但有時候，更高階的靈魂會自願短暫到實體界，幫助其他靈魂的業力發展。

朵：我一直在想，他們有必須遵守的規定，像是合約，但他們猶豫了或是想反悔。

S：合約這個字不好，不適用。因為當靈魂下了「我想重回實體界」的決定，若是沒準備好徹底執行，是不會做那個決定的。如果他們覺得還沒做好貫徹到底的準備，又何必下那個決定呢？一旦決定了，他們的能量就開始往那個方向流動，他們的業繼續發展，並且也符合宇宙的整體模式。

朵：這些是別的靈魂跟我說的。我想我們是想以實體世界能瞭解的觀點來描述這些情況，這樣這些話好像才說得通。我想他們是從不同的觀點來看，而跟我交流的靈魂也有可能不是那麼的高度發展。

S：是有可能。有時候，當較低層面的靈魂要重回實體界時，他們不知道能量會影響整個系統，他們不明白自己的決定就是一種承諾。讓我打個比方，你們的世界有一種娛樂設施叫做滑水道。就像把水從滑水道的高處倒下來，要到水流到底部、滑出水道邊緣，才能再收集起來。重回實體界也是一樣的道理。決定進入實體界會使能量開始流動，這就等於在滑水道的上方把水從容器倒出來了。要把水重新收集，恢復成原先的狀態，或者說要重新整合你在靈界的能量，就非得滑下去不可。換句話說，你下了決定就必須執行到底。

朵：你不能中途喊停。

S：沒錯，這並不是因為有人拿槍抵著你的頭，強迫你這麼做。這只是一個能量流動的宇宙定律。一旦能量進入這種模式就必須完成，之後才能轉化成其他東西。低層級的靈魂還無法掌握大致情況，所以如果他們起先做了決定，已準備好要回去，然後想法動搖，他們就可能覺得自己是被迫回去的。但原因並不是有人逼他們回去，而是水已倒入了滑水道，他們已經進入那個程序，一定要滑下去，才能在底部再收集起來。

朵：因為事情開始運作了。

S：沒錯。

朵：這麼說來，我聽到的答案可能是來自較低階的靈魂。

S：有可能，也或許他們覺得你可能無法瞭解較高層級的答案。很顯然，我因為跟不同發展程度的靈魂交流，所以他們的答案可能不是矛盾，只是這些說法都是他們的觀點所反映的真相。

朵：但好像有很多人不喜歡在地球，他們很氣。

S：沒錯，這些靈魂在處理負面的業時遇到困難，他們多少不太聽話和反抗。有負面業力的靈魂對重回實體界往往會感到氣憤，因為他們相信自己會搞砸更多事。

朵：所以我會覺得他們是被迫回來的，而他們並不想在地球，不想在身體裡。

S：就如我之前說的，他們被困在惡性循環裡。

# 第九章

# 上帝與耶穌

當你要任何人描述他們對上帝的概念，你是在問一個非常複雜的問題，因為世界上有多少人，大概就有多少定義。我們內心對上帝的想像，會受到成長過程中宗教的制約，而宗教經常是我們的精神寄託。不論是對上帝，還是本書討論的其它棘手議題，要人改變觀念都會非常困難。觀念的改變需要一個開放的心，一個至少願意傾聽別的想法的心靈，就算有的觀念乍聽之下荒謬可笑。

我認為早期教會必須以極簡單的方式呈現上帝，是為了幫助當時的民眾想像祂的樣貌。千百年來，大家就這樣接受了上帝的早期形象，許多人毫不懷疑地相信教會灌輸給他們的描述。過去曾有很少數的人願意讓自己對上帝有較為廣闊的見解。如果我們把洗腦和制約的想法放一邊，而以新的腦袋／心智來看待這些概念，就會發現它們並沒有任何牴觸，只是以不同的方式陳述同樣的事。

首先我們要先脫離上帝是個老先生的概念。如果祂有性別，祂也會是女性，因為女性是代表創造的面向。然而，上帝不是男性也不是女性。祂沒有性別。祂是巨大的能量，祂的力量與範圍都不可思議，令人難以置信。

以下是不同個案進入深度催眠後，回答他們在轉世期間的靈魂狀態，是如何感知上帝。

S：現在請你觀想一個景象，在所有的創造，從每個宇宙的邊陲到中心和後方，都有一股看不見卻確實存在的力量，這個隱形的結構凝聚天地萬物，就像水泥裡的鋼筋，雖然肉眼看不到，卻支撐著水泥。你熟悉這個概念嗎？

朵：嗯，我瞭解你想表達的。

S：這就是上帝的概念，祂就像宇宙的鋼筋，凝聚天地萬物，看不到卻存在。要是消失了，即使不到一秒，就會有絕對、完全、徹底的毀滅。這就是上帝的概念，而你們的世界給了祂人格。

S：我正在觀察這個宇宙的結構。

朵：可以跟我說你看見什麼嗎？

S：我覺得語言恐怕無法形容。

每個和我交談的對象都這麼說過。不論是英語還是地球上的其它語言，都無法敘述他們所見的真實畫面。我跟他說我瞭解這點，並請他無論如何都試試看。

S：我現在能看見你們肉眼看不到的光譜。我可以看見你們見不到的宇宙光，它的顏色與呈現。我看得見星球的核心，也看得到閃耀發光的網絡，那就是維繫星球的細格般的原子架構，好美麗、好有力量！你們眼睛能看到的窄頻波帶是不同的顏色，你們看不到的較廣範圍的波頻也是不同色，要直到這些波到了你們能透過聽覺注意到的範圍，你們才會知道。但我看得到它們和它們的顏色。

朵：你是說這些波頻太高了，我們只能聽到。這表示聲音也有顏色嗎？

S：沒錯。聲音遠比你所說的「光」要來得慢許多，但它們全是振動與能量，我全都看得到；你們視為光的波長範圍，甚至超出那個範圍的，我都一覽無遺，這簡直無法言喻，因為我連乙太也看得見，實在太美了，就像欣賞北極光一樣。想像一下，整個空間交織著北極光，所有繽紛的色彩交錯綜合。一片片、一塊塊的能量和顏色交互作用，改變彼此並帶來多樣變化。這真是錯綜複雜。

朵：我們想像中的太空是一片漆黑和虛無，但你的意思是太空其實充滿了這所有的顏色及振動？

S：一點也沒錯！振動、色彩、能量，這些也能穿透一切。雖然地球繞著太陽轉，但那並不會阻擋或遮住能量，能量就是能夠直接穿透。而所有會被影響的能量都會受到影響。整個宇宙和這個宇宙，以及其他宇宙，都是相連的。

朵：這一切的能量來自哪裡？

S：能量始終都在，我不是很清楚來自哪裡。或許曾經有個來源。然而，宇宙是由這個能量所構成，當宇宙經歷了它們的生命，便會分解回這個能量，然後新的宇宙再次由這個能量發展出來。

這聽起來像是巨大規模的轉生，是一種從不間斷、永無止境的循環，影響著最龐大，甚至最渺小的一切造物。

朵：我們太習慣認為光來自太陽，我才以為這個能量也許源自某處。

S：不，能量就是一切萬有，而它也充滿一切萬有。一切都是能量，能量在作為一切萬有的過程中，轉化成各種結構，最後形成行星與恆星、能量與思想，以及許多不同的宇宙等等。

朵：你覺得「一切萬有」是怎樣的概念？

S：（嘆了口氣）這個概念實在太過浩瀚，連我也無法完全想像。我只能這麼說：一切萬有是永恆、是永遠，一切萬有就是能量。而能量會不斷波動，各式各樣的宇宙就隨之產生。

朵：我在想這是不是符合我們對上帝的概念。

S：其實我說的概念相當狹隘，但考慮到你們受限的心智，就盡可能想像看看吧。我沒有貶低你們的意思，只是陳述事實而已。你們對上帝可能有的最廣大無盡的想像，跟一切萬有比起來，仍然只是如絲線般細渺。你必須知道你們許多人對上帝的概念非常狹隘，這很令人遺憾，但事實就是如此。他們太害怕而不敢敞開自己的心，面對自己全部的潛能。

朵：我在想有沒有什麼在主導這一切，像是創造宇宙、創造人類等等。這又回到了我們對上帝的概念。

S：能量是有組織的。它一向都有條理有組織，那是它的基本結構。就是這個可以小到不能再小的基本結構，讓萬物井然有序地出現。

朵：由於有這個秩序，人們才認為一定是有什麼在主導。

S：不是的，一切是以能量固定波動的條理來發展，並依此建構。有固定的波動在區域間來來回回，以特殊方式影響這個宇宙及其他宇宙。而且有極大的波動，也有極小的波動，你們的科學家絕對不會發現其中的極限。他們不斷發現能量更細部的組成，但他們似乎沒辦法探究到能量最基本的結構。

朵：我認為要大家不再去想上帝主導一切的想法非常困難。人們喜歡認為事情不在他們的掌控，而是有一個整體的力量在主宰一切。

S：沒錯。人類發展的下個階段有個重點，就是要意識到每個人都主掌自己的命運，他們渴望什麼就會實現什麼。看似突如其來的事情其實是來自過去的因，過去的想法或發送的念頭之類的。

另一個存有用我比較容易接受的概念說明。他提到較高階的靈魂來到我們的層級，在地球上協助我們。

S：有時候，回到這邊幫助低層級是有用的。來自高次元的靈魂有時會回到你們的次元，幫助實體世界的人提昇意識。願意回來的靈魂有特許，也這麼做了。

朵：他們回來是由誰或什麼准許的？

S：是由管理宇宙的議會決定的。每個宇宙都有中央議會及地方議會。

朵：這對我是新的概念，我一直以為只有一個宇宙。你可以詳細說明嗎？

S：有很多宇宙，很多很多宇宙，我們的宇宙很特別，我們現在所在的這個宇宙只是眾多宇宙之一。有很多宇宙，很多不同的宇宙。

朵：這有點難以理解。那些宇宙是在我們的宇宙之外嗎？

S：它們在實體空間，要有非常寬廣的想像力才有辦法想像牽涉其中的距離。這之中有政治的……政治這個字並不準確，但只有這樣描述，你們才有辦法理解。各個靈性層級都有政府，而每個宇宙都有政府層級管理個體和集體宇宙。

朵：這是不是相當於人們所稱的上帝或整體存在？

S：正是如此！對萬物來說，上帝都是同一個。我的上帝就是你的上帝，是一切的上帝。

朵：是祂設立這些議會的嗎？

S：議會是委派的。上帝並不管這個，應該說祂有下屬會負責這些工作，有指揮系統。我們要求你保持開放的態度，想像上帝只是個觀察者，觀看祂的孩子工作。孩子負責工作，上帝只是存在。祂就只是存在，如此而已。孩子工作而上帝存在。上帝的概念就是所有、一切的總和。我們就是上帝，我們集體就是上帝，每個個體都是上帝的一部分，上帝不是一個，而是一切的總和。

朵：所以，議會是設立在宇宙不同的地方、不同的區域？

S：是的，地方政府，就這麼說吧。

朵：我們的地球也是一樣嗎？我們也有一個議會在管理嗎？

S：沒錯。

朵：我很努力在瞭解。有這麼多的宇宙，你是說每一個都有自己的上帝嗎？

S：所有宇宙合在一起就是上帝，每個宇宙的確都有上帝的意識，不過在不同的宇宙，甚至是同一個宇宙的不同區域，可能各有不同的意識，對上帝的概念可能不一樣。在一切造物、所有宇宙中，上帝的實相不變。上帝存在，我們分別是祂的一部分，而我們的整體就是祂。

朵：就是這個力量創造了一切嗎？

S：沒錯。一切只是上帝的體現。

朵：那我們這些個體靈魂呢？你知道我們最早是怎麼被創造出來的嗎？

S：我們只是被賦予人格。我們只是上帝的一部分，祂賦予了我們人格。

朵：不知道這樣說對不對，為什麼我們會從上帝切分出來呢？

S：這只是整體大計的一環，只有上帝自己完全知道這個宏大、神聖的計畫。很多人知道細節，但除了上帝，沒有人知道計畫的全貌。

朵：你說我們都是上帝，但我們在地球上都有過錯，我們並不完美。如果我們是上帝的一部分，這樣祂不就不完美了？

S：這只是對「不完美」一詞的誤解。一切萬有就是上帝，但上帝是完美的，所以一切完美。我們認為的不完美，只是我們的感知而已。我們的感知和看法未必和這個星球其他地區一樣，因此我們的看法不能被視為絕對，就算我們覺得不完美的東西，從上帝的高度來看，也不見得如此。不完美的是人，但上帝有多愛完美，就有多愛不完美，要這樣瞭解上帝才對。理解祂就是更愛祂，知道祂愛我們的缺陷，也愛我們的完美。我們眼中的缺陷只是我們的觀感，不代表上帝的感受。

朵：你形容上帝的方式好像祂跟我們是分開的，但你又說上帝是我們所有人的組成。可以解釋嗎？你說祂愛我們，但如果祂不是和我們分開的實體，這怎麼可能呢？

S：首先，上帝沒有和我們分開，而是與我們親密同在。或許這可以用血液系統的概念來說明。人體的血液系統是由個別細胞組成的，如果沒有個別血紅素等細胞，血液系統就不是整體，每個血紅素若不在血液系統中就不完整了。因此，一即一切，一切即一，彼此無法獨立存在。

## 耶穌

朵：我們要相信耶穌這個人是上帝的兒子嗎？

S：這是非常簡化的說法，畢竟上帝不是人，祂怎麼會有兒子呢？用這個詞來表達，是讓人們有粗淺的認識。「兒子」這個詞不應該從字面解讀，如果你希望釐清，耶穌是來自靈魂實相另一個層面的使者，那個層面比我們更接近上帝。耶穌的層級不是直接在上帝之下。換句話說，還有層級比耶穌更接近上帝，然而，祂來自的層級從來沒有靈魂來過地球。人類心智很難明瞭許多這樣的概念，因此必須用人類能理解的詞彙來表達。

朵：《聖經》教導我們耶穌下來地球之前與上帝同在，祂屬於上帝的一部分。這跟我們的靈魂是上帝的一部分是不是同樣的道理？

S：沒錯。

朵：但祂並沒有比較像上帝？

S：真要說的話，祂在較高的層面。

朵：有沒有其他投生轉世的靈魂，可以歸類到相同的「角色」？不知道角色這個字對不對，但有沒有誰曾到地球協助，是像基督徒眼中的耶穌一樣偉大？有沒有誰是我們不知道，但是是以相同方式轉生的呢？

S：如果你是問現在，那我不可以說。

朵：過去有其他像耶穌這樣的使者嗎？

S：當然有。這都有清楚的記錄。名字並不重要，因為人們往往會忽略背後的意圖，而把重點放在個體身上。過去有些人雖然名不見經傳，但也是來自相同層面的靈魂。他們實現了自己的目的，令人敬佩，只是不像耶穌那麼有名。

朵：耶穌的死有何目的？

S：祂的死完全是祂自己的選擇。《聖經》可能有不一樣的見解，如果有人要相信也沒有關係。但祂是死於人類之手及人類的意志，而不是上天的意旨。是祂決定把自己交付給人類的命運。

朵：沒錯，《聖經》的確說耶穌表示沒有人奪走祂的性命，祂是依自己的意願（指犧牲性命。）

S：的確如此。

朵：但這麼做的目的是什麼？

S：如果你想探究目的，留意一下是誰殺了祂，是人們，人們就是劊子手。這麼說只是要強調過去人類的互動層次跟今天一樣（意味沒有提昇）。

朵：祂的死是要向眾人證明他們可以重生嗎？

S：如果大家這樣才會相信的話，那就是這麼回事。實際上不是，但是有象徵意義。

朵：那實際上是怎麼回事？

S：耶穌必須死去這件事，無法從字面解讀。祂就是把自己的性命交到人的手中，任憑他們處置。這個結果有詳細記載。

朵：為什麼祂選擇以這麼可怕的方式死去？

S：那不是祂選的，是當時的社會風氣。祂只是順應罷了。如果祂想的話，祂是有力量逃離死亡，但祂選擇那樣的經驗。

朵：我們是想瞭解祂選擇這樣的死法是想證明什麼。

S：祂有祂自己的動機，我不會去猜測。要是祂今天還活著，類似的情況可能會發生：祂會被誣告，送交刑事司法系統，然後透過注射或電椅或槍決或絞刑上吊……將祂正法。釘十字架只是當時「流行」的處死方式。

朵：如果我們不瞭解原因，一切似乎就沒有意義。

S：不要向耶穌找答案。看看你們的同胞。答案在於祂是被處死，重點是不公義的現象。

朵：人類對彼此不公不義，你是這個意思嗎？

S：沒錯。

朵：嗯，耶穌為人的罪而死，這種說法流傳至今，你瞭解這個概念嗎？

S：這不過是將祂的死合理化，這個說法在《聖經》裡，以非常粗淺的方式解釋。必須有更廣泛的理解，才能瞭解耶穌的一生和體驗。許多常見且既定的信仰對真正的理解有害，堅守那樣的想法無法讓人在覺知上成長，或是更明白哲學思想的真正功能。

朵：《舊約聖經》常說到「聖靈」(Holy Ghost)，而在新約的聖靈則常用 Holy Spirit。聖靈來自上帝的靈，祂可以幫助大家。我想瞭解更多細節，以及運作的機制。

S：在我們看來，你的意識在試著瞭解上帝本質的一面，卻不清楚你們所說的「上帝」有不同面向，也就是所謂的三位一體：聖父、聖靈、聖子。但是，要你們的意識去理解聖靈的概念，就像瞭解聖父的概念一樣困難。總之，這個靈的本質就是能量，與其說是生命形式，不如說是生命力量，或許也可以說是生命的維持，也就是指生命的本質，而非充滿這個生命的人格。

朵：沒有靈魂，人有可能存活嗎？

S：不行，沒有生命，人格要怎麼活下去？生命有不同的層面，有肉體生活，也有靈魂生活。生命是延續個人意識的要素，在你們的層級就是人格。

朵：所以你的意思是靈魂就是生命本身。這麼說我們就能明白。

S：如果要用你們能夠瞭解的字彙來解釋，這麼說應該算準確。

因此，教會說的三位一體，其實比想像中更貼近真實的概念。祂們彼此分開，就如我們與上帝分開一樣，然而同時又是一體。祂們是同樣東西的所有形式，但是這個概念已經用簡化的言語形容，以方便人類的心智理解。要我們想像上帝是能量很難，賦予祂人格就容易理解多了。從我得到的資訊來看，聖靈和上帝本質上是一樣的，是遍布一切的生命力。不論少了哪一個，都不會有生命，因為那就是驅動生命的能量。因此，教會說我們要讓聖靈進入我們的心，這句話就有矛盾，因為聖靈早在裡面了。少了這個聖靈便沒有生命。

# 第十章
# 撒旦、附身和惡魔

朵：我們問過你上帝的概念了，那麼魔鬼，也就是撒旦的概念呢？

S：那只是一個概念、一個比喻，一種為了方便理解的合理化說法。

朵：所以那不是真實的生命體？

S：沒有，沒有那種實體，也沒有擬人的化身。

朵：但有人說魔鬼是生命體，是人。有像那樣的東西嗎？

S：沒有這樣的生命體，並沒有邪惡的魔鬼這個實體存在。大多數人說到魔鬼時，說的是被稱為路西法的存在，他因為渴望權力而失去一切。

朵：人們就把他和邪惡聯想在一起？

S：那是因為大多數和邪惡相關的元素生物都聚集在他周圍。

朵：你覺得魔鬼是實體存在的這種誤解會讓這些邪惡力量變得更強大嗎？

S：會，因為它們利用誤解來達成自己的目的。

朵：所以人們想著邪惡就會給了它們力量？

S：不光是想，人的所作所為也會給它們力量。這是為什麼每當有人明知有錯，又硬要去做的時候會說：「都是魔鬼逼我的。」這會給負面更多能量。

朵：我聽說一定要有個魔鬼是為了平衡的緣故。如果有善就必須有惡。

S：這是一種合理化或試圖理解的說法。人們需要有個說法才會說：「哦，我懂了。」如果我們不理解，就會覺得不舒服，而合理化能讓人安心，這樣我們才覺得自己瞭解了。我們用了很多合理化的說法來詮釋周遭看見的、感受到的、觀察到的一切，而且這些說法已經到活靈活現的地步。大家要瞭解這些東西僅是合理化的結果，而不是獨立存在的實體。

朵：那麼很多人這樣合理化魔鬼的存在，究竟是好是壞？

S：達到合理化的目的，心理就會有安全感，但這麼做會扼阻成長，因為不肯放棄合理化，便無法瞭解較為複雜的領域。這不是好或壞，是中立的，也無關是與非。

朵：那麼散播罪的觀念，說有罪的人會下地獄被火燒呢？你會說這是個誤譯嗎？

S：小時候，父母親老是拿著皮帶嚇你，要你乖乖吃飯、做事，如果不聽話就得受罰。你對懲罰產生恐懼，自然就不會去注意會造成衝突的事或是去做那樣的舉動。大人的威嚇只是要你聽話，去做一般認為是好的事。

朵：那麼有像地獄的實體地方嗎？

S：沒有那樣的實體空間。死亡的時候，如果內心覺得地獄會出現，就會創造出地獄。假設有個人一生為非作歹，也知道會因此下地獄，只要他非常相信這點，那麼死去的時候，地獄就會等著他。

我認為人未必要做盡壞事，才會有這種情形。他們也可能是過著畏懼上帝、固定做禮拜，極其平凡的生活，但教會已經把這種恐懼深深植入他們心中。他們由於正規平凡，知道自己並不完美，因此預期自己會因某些小奸小惡下地獄，因為教會保證這一定會發生。他們覺得自己不配上天堂，所以死後除了地獄無處可去。這種洗腦方式對人造成極大傷害，因為讓人有了心理準備，以為自己不會上天堂而是下地獄。我認為教會就是錯在這裡，傳播這樣的思想弊大於利。他們讓人對地獄產生極大的恐懼，也就成功為信徒打造了地獄。

S：人們會一直沉浸在自己幻想中的地獄，直到認清地獄是他們自己心智的產物。這可能要花上一年或上百年，但時間在這邊沒有意義，不過是一眨眼的工夫。當他們意識到自己並不必待在地獄，地獄就沒有力量控制他們，他們因此能離開，前往他們真正該去的地方。

朵：可是這世上有很多我們稱為「邪惡」的東西。

S：邪惡這個詞並不準確，這又回到什麼是善、什麼是惡的問題。其實它只是能量被誤導，誤導這個字彙比較恰當。在我們看來，你們所說的「邪惡」純粹是能量被誤導或導至錯誤方向。這些能量只是沒有演化，並不是邪惡的化身，也不能說是存在的實體。並沒有那種坐在人類肩膀上頤指氣使的惡魔。在我們這邊並沒有邪惡的概念，因為邪惡只是兩股力量的不和諧，「邪惡」這個說法是為了讓人類心智能夠理解這個不和諧。請瞭解，並沒有魔鬼投生為人，也沒有撒旦遍地行走、攫取人類靈魂這種事。這個謬誤和說法是用來瞭解兩種力量（指善與惡）的不和諧。打個比方，電池有正極有負極，如果電瓶沒電要發動汽車，就要接正極和負極兩條線來充電。如果有一邊沒接上，你就會傻傻坐上一陣子，不是嗎？由此可見，兩條線都需要，沒有哪一條比較重要、比較有益或有用，都一樣重要、一樣有用。因此，除去你對善惡的幻想，因為這個概念並不準確，它會妨礙你的想法與理解。

朵：這些能量是從別的地方來到這裡嗎？

S：它們是住在這個星球的能量。我們都是能量。你是能量；你的靈魂就是能量。這些就是我所說的能量。我們也可以用靈魂來看待。

朵：這就是思想就是事物的概念嗎？

S：完全沒錯。思想就是能量，思想會真實的顯化。思想就是能量。

朵：你的意思是，人只要去想世界會發生不好的事，實際上就會創造出不好的事嗎？

S：沒錯。在地球想著地獄就跟親身辛苦打造地獄沒有兩樣，雖然地獄產生的方式可能不同，但一定會成真就是了。

朵：人們想著這些事並因此感到恐懼，這就會創造出一股強大的思想能量，足以讓這些事發生。這樣說對嗎？

S：一點也沒錯。思想就是能量，你的靈魂操縱能量，思想就是對能量的操控，而動念是帶有意圖的行為，目標是要透過帶進的新能量、新想法、新方向和希望，來中和這種不和諧。重要的是念頭本身的意圖，如果你傳送愛給某人，愛就是你的意圖，但如果你希望因此得到回饋，你雖然傳送愛給他們，但意圖便不是愛了。這完全取決於你期望什麼。

朵：而且這無法偽裝或被掩飾。真實的情感會流露出來，你是這個意思嗎？

S：表達情感的人知道自己的意圖，但對方不一定曉得。

朵：如果邪惡和魔鬼的確不存在，那邪惡的概念是從何而來？

S：你真的想知道嗎？一言以蔽之：〔他拼出〕E-X-C-U-S-E-S（藉口）。自己沒有責任感，把不快樂和懼怕怪到別人身上，畢竟怪罪別人要比怪自己容易多了。於是，就有魔鬼揮舞著三叉戟，逼人去做他們平常不會做的事。「誰？我嗎？不是我，都是魔鬼逼我的！」這些話說了上百年，這就是「藉口」的意思，推說是「邪惡」。

朵：我們以為邪惡一定是股力量，所以想知道它是哪裡來的。

S：邪惡來自想像。臆造出來之後，便開始遊走人間，吃掉無辜的嬰孩、害人放蕩墮落、姦淫掠奪，這些都是邪惡的化身，用來作為躲避責任的藉口。

朵：所以邪惡來自人心？

S：沒錯。邪惡來自人的內心欲望，不是來自某些外在力量，因為並沒有那樣的存在體在宇宙漫遊。只有沒有擔當、想把問題怪到魔鬼頭上的人。

朵：嗯……有這麼多人相信邪惡存在，魔鬼也存在……

S：那麼就有魔鬼。

朵：有沒有可能因為相信，就創造出某種思想形體？

S：人無法創造實體／存在體，只有上帝才能。人可以創造出看似能證明這些東西存在的情境，他們會用一些活動來證明自己相信的東西有所根據。這不僅反映在「邪惡」的經驗上，好的、「神聖」的經驗也是如此。你相信的東西會預設你的經驗——你相信什麼便會得到什麼。

朵：但我們聽過人的心智可以創造出思想形體。

S：這不正確，因為凡人沒有創造的權能，只有上帝有那個權利、那種大能。人類所創造的只是一些看似能證明魔鬼存在的情境。你可以給我這個問題的一個明確例子嗎？

朵：好，我聽說只要有夠多人專心一致，他們就能創造出思想形體。

S：這樣說不對。他們創造出的是這些能量的集合，純粹是匯聚了能量而已，這個能量可以用在正面，也可製造傷害，但不會創造出任何存在體。

朵：所以當能量被釋出，這個形體就會煙消雲散？

S：根本沒有東西被創造出來，所以能量會逸散，回歸到元素裡。我再說一次，並沒有創造出任何實體，只有能量的匯聚，而這個過程非常有力量。不論是在星光層還是其他地方，沒有任何生物能創造出存在體，只有上帝所創造的能量，如此而已。

朵：所以，我們沒有必要害怕那樣的東西？

S：沒錯。長久以來，人類一直受制於恐懼，是時候打破這個枷鎖，讓人類接受自己的責任了。有些生命體可被視為邪惡，有些只是元素生物，因為與人類接觸而變得乖戾，也有一些元素生物透過與人類接觸而提昇，這都發生在接觸過程中。力量／權力也是一樣，要看它是如何被使用。並沒有絕對的對錯。

我在當時並不瞭解「元素生物」的意思。（請參考第六章）

朵：你用元素生物來描述，是因為它們非常簡單，還沒學會任何東西嗎？

S：沒錯，它們是大地之靈。

朵：地縛靈？

S：是大地之靈，這兩者並不同。

朵：它們也可以投生嗎？

S：不行。它們就是有些人所認知的附身，其實他們說的是被元素生物突然侵襲。

朵：它們能進化成像你一樣的靈魂嗎？

S：它們可以進化成較高的形式，但從來都不被允許投生。

朵：這是不是就是美國原住民說的樹木和動物有靈？

S：沒錯，它們有照顧的守護靈，它們比較像是有感受、有知覺的靈，沒有太多的思考或念頭。

朵：如果它們造成麻煩，該怎麼處理？可以和它們講道理嗎？

S：你可以和它們講道理，讓它們知道你要面對它們，要它們離開。只要溝通恰當，它們就必須離開。

朵：可是你無法用和一般人溝通的方式和它們講理？它們就是會製造麻煩，是嗎？

S：不一定，也有善用元素生物的例子。透過獲取知識，已有過正確使用元素生物的實驗。

朵：如果它們不是講理的靈，也就無法明白自己做的是「對」還是「錯」？

S：沒錯。元素生物靠感受能量生存，你會發現有些住在教堂，它們感受禱告裡提振人心的氛圍，還有那個場所瀰漫的幸福感，它們從那些情緒獲得滋養。但也有些元素生物汲取的是仇恨、欲望，它們會聚集在滋生那些情緒的地方。

朵：人類有沒有辦法保護自己，不受到有害元素能量的影響？

S：你永遠可以透過禱告來保護自己和周遭的一切。

朵：有任何必須做的特定方法嗎？

S：嗯……這要看你對永恆存有和宇宙的看法。你可以祈求善的終極力量，要求它保護你。

朵：所以並不必用特定方式說出特定的話？

S：不用，只要發自內心，真心誠意的說就好了。那些假定「被附身」的人，其實是反映了自身的靈魂吸引到負面能量，後來能量愈變愈強大，大到在實體層面影響了他們。這些靈魂到了靈界後，必須在休息地待上一陣，好擺脫那些東西。

朵：我想瞭解他們吸引到的負面的靈。

S：不是靈，是能量。

朵：負面能量。我想很多人一直以為這些負面能量就類似惡魔和魔鬼。

**另一版本：**

朵：當有人被附身，那個附在他身上的東西真的是靈魂嗎？

S：是乖戾的靈，和你們所稱的「惡魔」算同一層級。它們比人類的靈魂低階，由於和某些生命體或甚至人的接觸而扭曲，因此並不老實而且邪惡。

朵：如果它們沒有真正的活過，那它們是從何而來？

S：它們出現在能量形成時期。所謂的「附身」，通常是某人讓自己的業變得嚴重失衡，業力能量因而出現部分真空，其他能量才能趁虛而入，而那些通常是紊亂的能量。世上不是只有組成你的靈魂和身體的能量而已。你們的語言裡曾經常見的一些迷信詞彙：大地精靈、水精靈、元素生物和類似名稱是用來形容組織鬆散的能量集合體。它們通常和地球特定的物理特質有關。由於本身的能量類型，它們會受到特定環境的吸引。

朵：所以一般來說，並不是被已經到了靈界的人類靈魂附身？

S：不是。通常是元素類型的靈，它們一直都在地球，因為它們就是地球的一部分。

朵：它們那麼做時，是真的想傷害人嗎？

S：不是的。它們之所以進入，是因為有嚴重的不平衡，有真空需要填補。對它們來說，那種情況就像磁鐵，就算不想被吸引，也會被吸過去。它們不是故意的，那是意外。後來之所以出現暴力，是因為從能量來說，它們不像人類靈魂那麼有組織和條理。它們的結構鬆散，無法有系統的行動，因此才有暴力行為。

朵：我以為它們是惡意類型的靈。

S：不是。它們有時候是出於惡作劇，但一般來說，這樣的事情發生是因為能量不平衡，這又是因果法則。這些能量被這種不平衡所吸引，因為本身能量和對方能量產生互動，只是能量是流失而不是累積。附身是真實的，但元素生物是被吸引來的，而不是入侵者。

朵：如果元素生物已經進入，人們要如何擺脫或是驅逐它們？

S：這很難說。基本上，要明白是你自己造成不平衡。以你們目前的知識層級，唯一能做的就是冥想，讓一切恢復平衡。只要回到平衡，它們就必須離開，這會是自然而然發生。由於所涉及能量的極性會改變，它們無法繼續待下去，因為能量不再以相同的方式相互作用。

朵：我們聽說教會進行過驅魔儀式。

S：那主要是幫助當事人的心智，讓他們意識到有東西失衡，然後協助他們恢復平衡。但通常這就像是在很深的傷口上貼OK繃，對傷口沒什麼幫助，OK繃還是會繼續滲血。當事人一定要自己努力，才能夠重新恢復平衡。讓人在你身上撒水、誦經唸咒並無法修正情況。

朵：聽說白光對驅逐這些元素生物非常有效。

S：沒錯，白光對於防護很有效，特別是用來對抗，不是「對抗」，這個字不好。如果別人和你的氣場似乎衝突或不和諧，白光可以用來發揮保護的功能。

朵：有些人被稱作「精神吸血鬼」，意思是指不斷吸收你的能量，使得你疲憊衰弱的人。這麼說不好聽，但你懂我意思嗎？

S：沒錯。在你的語言，這是很貼切的形容。這些精神吸血鬼本身不平衡，他們需要努力調整。

朵：有時候，這些事會發生並不是刻意的。

S：沒錯，有時候自然就發生了，雖然沒有那麼常見，但最好還是要保護好自己。

朵：你不是說過如果自己不合作，不願配合，就不會被附身嗎？我的理解正確嗎？

S：邪惡的事物只能偷偷摸摸進入，因此它們一定要非常鬼祟，才能在人身上找到一丁點立足之地。

朵：它們能找到氣場的弱點，然後依附上去？這跟我之前聽到的另一個存有說的，找到不平衡的弱點，找到真空去填補是一樣的嗎？

S：它們會用任何方式依附上去。那會是個方法，沒錯。

朵：能判讀氣場的人可能在別人身上察覺這種狀況嗎？

S：可能。如果有人意識到自己被元素生物／能量突然侵襲，他只要說：「我以耶穌之名命你離開」，它就必須走。它必須遵從耶穌的名；它們沒有選擇。

朵：誰要下那個命令？被附身的人？還是其他人可以做？

S：如果是其他人來做，就會是你們所稱的驅魔，但如果被附身的人自己意識到，他們也可以命令對方離開，但是命令一定要堅定。

朵：要是他們不覺得自己被附身呢？需要有人提醒他們要說什麼、做什麼嗎？

S：如果他們不覺得自己被附身，其他人可以為他們進行驅魔，命令對方離開。我問你，以耶穌之名要對方離開有什麼壞處？如果本來就沒有東西，這麼做沒有任何傷害，但如果有，對被附身的人來說就大有助益。

朵：有沒有人曾經離開自己的身體，然後另一個靈魂進入那個身體並使用的情形？

S：哦，有的。可能這個靈魂對現狀不滿，認為自己無法處理原本希望能解決的事，但基於別的理由，身體必須繼續下去，因為大家都認識的這個人需要存在。因此，別的靈魂會選擇進入這個身體，過這個人的生活。

這是典型的「靈魂替換」（walk-in）而不是附身。相關討論在第十五章。

朵：那有沒有靈魂被迫離開身體的例子呢？

S：沒有，那是自己的決定。

朵：有很多像這樣嚇人的說法，有人說邪靈會來逼你離開身體，然後將身體占為己有，這樣的事有可能嗎？

S：也許如果沒有留下的意願，心靈層次較高的似乎……就會接管，但我從沒聽說過你說的事。我想你要說的是身體同時有兩個靈魂，而不是一個要另一個離開。

朵：同時有兩個靈魂？這可以被允許嗎？

S：那些是焦躁不安的靈，比較像是元素生物類型。

朵：我記得你跟我說過元素生物基本上沒什麼理解力，它們就是非常簡單……

S：（打斷我的話）元素生物是非常基本的能量，它們比較是依欲望來運作，而不是透過知識。

朵：那人們怎麼會讓這樣的東西進來？

S：不保護自己就可能發生這種事。這是不一樣的情況。但只要身體的主人希望甩掉，它就一定會被擺脫。

朵：這麼說來，它們沒有身體真正的主人那麼強大。如果一個人喝烈酒或使用藥物，他的身體會因此對元素生物的能量更開放而無法抵抗嗎？

S：有些人會因此變得非常開放，而且有些元素生物會圍繞在這類人身邊，但這種情形很少見。它不是天天發生。

朵：這麼說來，烈酒或其它藥物不會降低一個人的能力去……

S：保護自己嗎？不會。

朵：好，我以為這些東西會讓人更容易接納外靈。

S：除非他們自己願意。

朵：所以只要保護自己，就不用擔心了。

S：只要以上帝之名或耶穌之名，請求上帝的保護就可以了，只要開口出聲就能立即得到保護。

朵：白光也可以這麼用嗎？

S：沒錯，白光是保護的光，只要說出耶穌或上帝的名，請求祂們的保護也是相同道理，馬上就會有光籠罩在自己身上。

很明顯的，不論什麼宗教信仰都可以這麼做。跟我對話的每個存有都同意召喚較高層次力量的保護，就足以將元素生物阻擋在外。它們對白光的力量也有共識；白光是保護的化身。如果你能觀想美麗的白光環繞著你、你的車、你的家，就會產生非常好的效果。

以下是個案進入催眠後，告訴我的一個非常有效的觀想方式。

S：開口要求非常有效，但你們應該要配合更多觀想。要看到更完整的畫面，而不只是過度依賴話語。雖然說的話的確是能量的創造，但如果你真的觀想，用心靈之眼清楚看到你想要的東西，就會更有效果，因為，這事實上就是創造。觀想自己被籠罩在由白色能量所環繞的金字塔裡，或許連你所在的整棟建築物或是你感到最自在的空間都被這個白光金字塔包覆。如果能想像出這個畫面，空間裡的一切都會在白光裡。鼓勵所有參與的人共同想像，這樣能量會變得更強大。要金字塔籠罩著在場的人非常簡單，請每一個人觀想這個散發出白色閃耀能量的金字塔，這樣就沒有任何非創造的能量可以從外進入。要求內部所有的反創造能量轉化為宇宙的創造能量。如果在場有人需要療癒，此時可以提出。要求那些導致疾病的反創造能量轉化為白光，以符合創造的方式與白光調頻校準，並且回歸宇宙。如此一來，在場的人就能一同協助治療希望得到療癒的人。能量無法被毀滅，但能夠由負面轉變為正面。任何人都可以創造出白光金字塔，並用白光金字塔包覆自己。如果用這個方法創造，任何靠近金字塔的反創造能量便會回歸宇宙，轉變為具有創造力和建設性的能量。所有金字塔裡的反創造能量會沐浴在白光之中，自動轉化成和諧、有建設性、具創造力的能量。觀想整個金字塔完全被白光包覆並充滿了這個白光，而一切反創造的能量，可以被觀想成光明中的黑暗。只要看著白光改變了黑暗，把黑暗帶進光裡，或是把黑暗化為光明，黑暗就變成了光，重新成為有建設性的能量，回到宇宙作為正面和創造的用途。每個人都有能力創造出環繞自己的白光，只要肯定自己有這麼做的渴望就可以了。一定要真心渴望，才有辦法相信，因為如果不堅定自己的信念，這麼做的成效就會有限。

朵：我聽過我們應該以耶穌之名尋求保護的說法。這會同樣有效嗎？

S：沒錯。事實上，運作的原理是完全相同的，只是說明的方式不同。根據個人的宗教信仰，有很多方法可以導引能量，但很多人比較傾向某種特定方式，這純粹是適不適合和個人偏好的問題，完全看個人覺得怎麼做比較有效。

S：我們會說你，你自己就是創造者。你會發現周遭的一切都是自己創造出來的，因此就連你說是臆造的東西，也不折不扣是真的。因為想像其實就是創造的調色盤，所以不論本質是物質還是精神，你能想像得到的都確實是真的。你們所說的邪惡生物，對在心裡創造他們的人來說，的的確確是真的。對不信的人來說，當然就不存在。但去跟相信的人說這些東西不是真的是不對的，因為對他們來說，它們確實是真實的。你們有能力去創造渴望的東西，現在這一點的重要性更勝從前，你們要意識到這種力量、這種隨著意志去創造的能力，因為這麼一來，你們真的就能選擇去創造所謂的善或惡。要創造出什麼實相，全憑個人決定了。我們享受彼此能夠交流的時光，從前你們的星球就是那樣，每個人都能像我們現在一樣，自由地溝通。但是，發生了墮落（the Fall），沒有誰能夠倖免，你我都是墮落的受害者。（突然陰鬱嚴肅起來）而且我們覺得你知道我們在說什麼。

基督教一直都把「墮落」一詞和被逐出天堂的天使路西法連結在一起。據說被逐出天堂的路西法掌控了地球並創造出對撒旦和邪惡的信仰。

S：在那個時候，知識被遺忘，意識下降，可以這麼說，意識向下到了地球，而這個較高的能量層面便被忽視和拋棄。因此，從純粹的比喻觀點來看，意識的確從較高的層面跌至較低階的地球層面。當這個墮落發生時，並沒有像以前所感受到那樣，有股邪惡湧現，而是那些居民的注意力從較高層面轉向了較低的層面，這就是「墮落」的意思。這不是是與非的判斷，這只是真相，只是事實。因此你可以明白，當你忘了自己是誰，你會迷失方向，就像人類在這個星球已經這樣幾千年了。這純粹是遺忘了自己的真實身分。也可以說是意識的低落，忘記了不論什麼都是整體的一部分。

朵：我覺得最重要的是為大家釐清天堂和地獄的概念。

S：這會是最難的任務。人類已受到相當程度的洗腦。

朵：這些概念是源自於《聖經》嗎？

S：不是。其中有一個提到耶穌對革赫拿（Gehenna）[1]和火湖的描述。祂想要說的是你當到了靈界，卻被負面影響力包圍的情況，但聽的人理解的是字面意思，以為祂所說的是一個真實的地方。還有一次，耶穌在受刑時說：「今天你會在樂園裡見到我。」[2]祂是指死後，他們跨越到靈界這邊，就會是在所謂「樂園」的層面。

朵：我試著回想《聖經》還有一段話，提到有人處在地獄之類的情形，希望有人帶他們離開。（我一時想不起那一段話）那個靈魂說：「如果你可以用一滴水觸碰我的唇……」[3]

S：沒錯，那個靈魂飽受精神折磨，在實體層面的話就會像是發燒一樣，這也意味著有特定負面能量圍繞在他身邊。當他說用一滴水觸碰他的唇，他要求的其實是能夠幫他除去這些負面能量的一些智慧。智慧能發揮像舒緩油膏一樣的功效。

朵：所以他就能瞭解並脫離那個情況。我知道教會好幾次提到聖經的這個部分，他們說他這個處境會直到永遠，無法逃脫。他們用這個當作在地獄被火燒的例子。

S：沒錯，但那個狀況不是永遠。他當時經歷的是心理上的循環，他無法掙脫一連串的事件，擺脫不了負面能量。所以他才懇求給予一些智慧幫助他，看能如何去除負面能量。

朵：我在回想《聖經》有沒有提到耶穌談論天堂的事。我知道有這麼一段話：「天地要廢去，但我的話卻不能廢去。」[4]這是我現在唯一想到的。

S：祂是在說實體宇宙，意思是祂的教誨，祂所說的話和更高層級有關，就算這一個特定的宇宙毀滅了，更高層級依然會存在，這是因為還有其他的宇宙，因此總是會有更高的層級。

---

1 革赫拿是猶太教的地獄。

2 耶穌對他說：我實在告訴你，今日你要同我在樂園裡了。（《聖經和合本》〈路加福音〉第二十四章）

3 打發拉撒路來，用指頭尖蘸點水，涼涼我的舌頭；因為我在這火焰裡，極其痛苦。（《聖經和合本》〈路加福音〉第十六章）

4 《聖經和合本》〈馬太福音〉第二十四章、〈馬可福音〉第十三章、〈路加福音〉第二十一章。

朵：我認為大家有必要瞭解天堂和地獄並不是他們一定會去的真實地方。那個概念狹隘到令人沮喪。

S：是的，沒錯。人們確實需要瞭解輪迴並不像他們認為的那樣，他們似乎相信輪迴轉世是跟基督教完全對立。

朵：我試著告訴他們，那只是個哲學思維。我被這麼告知，它是一種思考方式，並不是宗教。

S：沒錯。固執地以為自己的哲學思想或宗教信仰一定對的人，往往看不見事情真相。

# 第十一章
# 鬼魂與騷擾靈

朵：常聽許多人談到鬼魂與騷擾靈（poltergeist）[1]，你對這個現象有沒有什麼解釋？

S：當然有，因為如果是我們讓家具飄浮在空中，或是讓電燈開開關關，我們也會被認為是騷擾靈。這個詞不過是用來形容那些意念非常專注的靈體，專注到可以讓想法顯化在實體的物質層面。只要意念夠專注，很多靈體都能做到。生氣、憤怒或是忌妒等等強烈的情緒，往往能讓它們全部的意識聚集到產生上述現象的程度。

朵：它們這麼做的時候，是想傳達訊息，還是有什麼別的意思嗎？

S：不一定。有些只是覺得好玩，它們娛樂自己，也娛樂它們捉弄的對象。但並非總是如

1　騷擾靈又稱喧鬧鬼或淘氣鬼，指吵鬧的靈魂，是一種超自然現象。舉凡暴力且具有破壞性的靈異事件，皆被認為是它們造成。譬如屋裡出現來歷不明的聲響，物體莫名其妙的移動，碟子摔碎在地上，這種怪事就是所謂的騷擾靈現象或淘氣鬼事件。

此，你也知道有些靈體沒那麼進化或啓蒙。

朵：我剛剛就在想，會這樣捉弄人的不會是很進化的靈體。

S：我們都會玩遊戲，我們的世界會玩，你們的世界也一樣。這只是另一種遊戲的形式。

朵：所以即使是進步或很有知識的靈魂也可能做這些事？

S：沒錯。有時透過這樣的現象可以喚醒覺察／意識。「騷擾靈」這個詞泛指能夠操弄實體物品的靈體，但這樣的敘述並沒有清楚說明意圖。很多時候，這種行為背後的意圖是正面和有益的，因為這能讓接收到能量的人發現，有些我們看不到的東西確實存在，而且跟物質的東西一樣真實。

朵：但這些東西有時候會嚇到人。

S：這些東西有時候也會被人類嚇到（笑聲），因為我們從來不知道人類接下來會做什麼。

朵：那鬼魂呢？

S：很多被看到的鬼魂，往往只是看到這些幻影的人本身能量的投射。這些個體投射出的能量或許是他們本身的前世映象，或是對其他靈魂層面的覺察；這些能量被投射到物質層面。我們並不是要說所有鬼魂都是這種投射，但你必須體認到確實有這個可能性。也就是說，有時看到的並不是真正的靈體，而只是感知到這個現象的個體的投射。

朵：我們之所以會看到仙女和小精靈也是同樣的原因嗎？

S：確實是有被認知為仙女和小精靈的能量，但和我們現在談的能量是不一樣的。它們是被看到的個別的、獨立的能量，而不是來自那個人的投射。投射出的能量是那個看到的個體本身的一部分。還有許多其他可能性的能量投射跟感知，然而我們在這裡只談這一種特定的顯化／表現形式，也就是投射-感知（projection-perception）這種經驗。

朵：有些人曾經看過他們認為是鬼魂的東西在各個地方重演一些事件，就好像鬼魂被困在那個當下。

S：這個比喻非常好，它們確實是被困在那個當下。它們是被困在自己所做的事的地縛靈；找不到解脫。因為它們太過專注於自己的能量，除了所專注的事物外，它們無法感知周遭的任何東西。它們被困在惡性循環裡，注定不斷重複當初導致它們困在那裡的事件，直到醒來。比起在靈魂層面的我們，在肉體／物質層面的人更能幫助這些靈魂。雖然鬼魂也是靈魂，但它們的意識與覺察被困在肉體／物質層面，因此就只看得到這個層面的東西。它們看不見環繞在身邊試圖引導它們看到事實，試圖啓發它們，讓它們從悲慘中解脫的靈魂。在這樣的情況，肉體層面的人反而最能幫上靈魂層面。

朵：有時候它們好像沒覺察到有物質層面的人看著它們。

S：沒錯，它們常常被困在自己的能量，看不見周遭的事物，連物質界的東西都看不到，除了自己的能量。

朵：騷擾靈也是這種能量嗎？

S：不，不能這麼說。騷擾靈會移動實體的東西，也知道這麼做的結果。它們察覺到周遭的實體環境。的確，騷擾靈可能會被地球的能量困住，但並不能說被困在地球能量的都是騷擾靈。

朵：我以為它們用這種方式製造騷亂，也許是為了讓周遭的人注意到它們。

S：沒錯，通常是這樣。它們想引起注意，不論是為了娛樂還是自我滿足。

朵：但有時候騷擾靈的行為會傷害到人類。我聽說它們會縱火。

S：沒錯，我們並不是要說所有騷擾靈都只有高尚的意圖，因為並不是這樣。它們想得到的可能不只是注意，舉例來說，也有可能是想報復。

朵：通常騷擾靈現象會發生在有幼童或青春期孩子的家庭，而有個理論是認為這些靈體會在某種程度上使用這些孩子的能量。這個說法還沒被清楚解釋，只是理論而已。

S：我們會說，就是這些進入青春期的個體產生騷擾靈的行為，因為他們使用了自己沒有察覺到的能量。所以這些現象通常是他們自己造成的，但也並不都是如此。

朵：可是他們沒有意識到自己在這麼做嗎？

S：沒錯，青春期經驗所帶來的分裂使得他們的心靈天賦和能力透過這樣的騷擾靈行為表現出來。當一個人經歷青春期時會有很大的能量。這時候的身體會經歷許多改變，並且轉移到心理、情緒與精神層面。

朵：所以他們並不是想要報復家人什麼的。

S：不是，這只是釋放能量的一個方式，導出被壓抑的情緒，透過騷擾靈的行為釋放能量。

朵：可以向大家這樣解釋很好，因為許多人害怕這種現象。

S：可以理解他們為什麼害怕，因為這代表附近有想要傷害他們的靈體。我們之前說過，有時候是這樣沒錯，但並不都是如此。

朵：如果我們遇到有害的騷擾靈行為，要怎麼讓這些現象停止？

S：先前提過，可以用神的名義要求這些搗亂的靈體離開。如果是附身的情況，以神或耶穌之名送它們走。如果這些存在體懷有惡意，耶穌之名可以提供足夠的保護。如果它們只是希望得到啓發或進步，請它們接受耶穌之名並努力有所進步。

朵：有沒有被困在地球上的靈魂，所謂的地縛靈？

S：有，但它的意義或許比一般以為的更深入。地縛靈是有很多問題但不願意承認自己能夠放下這些問題，離開人世的靈體。

朵：你是意思是這些靈魂很喜歡人世生活，所以不想離開地球？

S：如果不是這樣，就是地球上有人牽絆了它們，以致它們無法離開。每次你為去世的人哀傷，你就是把他們的靈魂更綁在地球，讓它們更可能是地縛靈。哀傷有它的意義，但是過度哀傷對哀悼者與往生者都不好。沒有理由為往生者哀傷，他們大多很喜歡在靈界看到的一切。

朵：所以你如果哀傷並牽掛他們，你其實是把往生者牽絆在地球，而這是不好的。大多數人可能都不明白這點。

## 另一個版本

朵：我聽說有些靈體會被困在地球，這是怎麼回事？

S：這是因為困惑。通常這些靈魂是在夢遊。這些靈魂對物質層面仍有意識，也注意到有些東西不一樣，但又說不出是哪裡改變了。在靈魂層面看起來，這些靈魂在夢遊。它們可能以地縛靈或鬼魂等形式夢遊了一段對你們來說很長的時間，但過一陣子它們就會醒來，它們會意識到自己已經到了靈界，而且有必須做的事。

朵：它們為什麼會困惑？是因為突然的死亡還是什麼類似的情形嗎？

S：通常是因為潛意識誤判了還有多少時間可以處理某特定的業。潛意識可能預期有更長的人世時間，但當時間縮短，靈魂需要較多的時間調適。

朵：這些被困在地球的靈魂會在以前居住的地方徘徊嗎？還是在地球上到處走動？

S：它們傾向待在自己熟悉的地方，可能是因為想釐清到底發生了什麼事。由於它們在夢遊，主要是靈魂的潛意識在試著釐清，好讓靈魂的意識能回到正軌。

朵：它們在那個狀態下會嘗試回到身體裡嗎？

S：不太會。它們偶爾會嘗試，但在身體裡的靈魂會擋住它們，它們就知道沒有辦法這麼做。這就像是走在路上撞到路人一樣。發生過幾次之後，它們就會醒來，不再夢遊。

朵：當它們在這種狀態時，有沒有辦法幫助它們瞭解到底發生了什麼事？

S：當它們深陷在這種靈魂的夢遊狀態，你很難跟它們有任何溝通。有時候它們就是需要一些時間，才會意識到外界並接受幫助而早些醒來。

朵：我聽過有些靈體會在小酒館閒晃，在喝酒或吸毒的人周圍徘徊。我想是因為它們想要體驗那種感覺。你聽說過這樣的事嗎？

S：我先前提到過渡期。對某些靈魂來說，尤其是吸引了許多負面能量的靈魂，它們的過渡期會是辛苦的，因為它們不想放棄生理上的感覺。通常是那些強烈、奇異的感受，像是你們社會裡所使用的酒精、尼古丁、海洛因等等。這些處於過渡期的靈魂會靠近經常使用這些東西的人類，試著吸收他們的感覺，他們生理上的感受。這些靈體想間接地感受和享受這種感覺。

「間接感受」是很有趣的字，在這個情況中尤其適用。它的定義是：「替代他人的位置；取代另一個人去感受或做出某個行為；藉由想像參與另一人的經驗，獲得同樣的刺激感。」他選擇用這個字實在是太恰當了，完全可以表達他想傳達的概念。

朵：你認為這些靈魂知道他們的身體已經死了嗎？

S：有時候知道，有時候不知道。很多時候靈魂知道自己的身體已經死了，卻又希望能夠馬上又回到物質世界。這些靈魂還在過渡期，還不知道要怎麼去平衡。另一些可能真的不知道自己的身體死了，它們還想參與那些生前所做的事。它們並不知道人類看不到它們。這些靈魂最後才會逐漸意識到自己的身體已經死了。當它們意識到這點，它們就會察覺到靈界，然後完成它們的過渡期。

朵：它們可能是認為就只有地球這個層面而已。

S：是的，很多靈魂一開始都這麼想，但肉體死亡得越久，它們就越意識到靈魂層面，這純粹是因為振動的吸引。在過渡期的時候，有時在這樣狀態下的靈魂無法立刻看到或感知到前來協助的靈魂幫手，因為它們還是非常熟悉且強烈認同地球層面。

朵：這些想待在地球的靈魂會怎麼樣呢？

S：在這樣的情況下，這些靈魂似乎會被拉向地球。它們需要較久的時間才能適應它們已來到的靈魂層面。這些靈魂會在心裡建構出自己熟悉的場景，它們依賴這樣的心理建構（思想形式），不願跨出這個舒適區。因此它們會很靠近物質層面。這些靈魂需要幫助。它們大都是不小心做了對業有負面作用的事而不願面對這個事實。它們害怕丟掉所依靠的心理建構之後會看到的景象。

朵：所以它們想留在熟悉的地方？

S：對，因為出於恐懼。它們如果持續靠近物質層面，有時它們的振動就會跟物質層面共鳴，甚至產生回音（echo）。回音講的是聲音，而這裡是指能量的迴響（一種反射波）。這可以解釋某些出現在你們層面的靈魂能量，也就是你們稱為鬼魂之類的現象。

朵：所以那些並不是真的靈魂？只是那個逗留在屋子或附近的靈魂的回音或反射？

S：對，那或許是在靈界分界線這邊的靈魂在心裡建構出的房子。當靈魂剛到達靈界時，它會想像「家」來幫助自己適應生命的新階段。每當想像特定房子是家的時候，它們會看到那個房子，還有自己在房子裡。不論靈魂是否意識到它已在靈界，當這個靈魂不敢往前，它就會依賴這個家的畫面，因為這對它來說最熟悉。它害怕離開，所以留在這個房子裡。這就是為什麼你們看到的靈魂回音（反射波），你們所稱的鬼魂，通常只會固定出現在特定地方。它們依賴這個心理圖像（畫面），就像嬰兒依賴奶嘴一樣。由於跨界到靈魂世界是很個人的經驗，它們關閉了自己的心靈，不去感受周遭的環境，而依賴這個心理建構出的畫面。某方面來說，它們是獨自一人，因為它們把自己關在「家」的幻覺裡。它們看不到別的靈魂在等著幫助它們適應新環境。這就好像它們閉上了眼睛，並且堵住耳朵，就只想著「家」。因此它們實際上是孤單的，它們的靈魂回波也反映出這點：無法察覺周遭有其他人。住在那棟屋子的住戶看得到那個鬼魂，但鬼魂卻沒注意到他們。

朵：這表示它們一直在腦中重複以前的記憶嗎？

S：是的。它們緊抓著這個畫面是因為某個原因讓這個畫面對它們來說很有意義。它們只專注在這個畫面上。通常這代表這個靈魂很害怕，還沒適應來到靈界的生活，於是就鎖定這個回憶，那會是它們最近一世的某個時刻。它們的心靈鎖定並看到這段回憶，因此靈魂回波就會不斷重演同樣的動作，反映出它們所想的事。就好像在搭飛機時，如果有人非常害怕，就會不斷重複他認為是護身符的咒語一樣。他們一再重複地唸，希望能阻擋這樣的恐懼。這是一樣的情形。

朵：有時候這個地方是謀殺或暴力事件的地點，人們看到鬼魂在不斷重演同樣的畫面。

S：沒錯，這個靈魂可能在想像某個特定的建築物作為心靈建構，而且緊抓著不放。它也可能在想著最近一世發生過的事。有時這個事跟別人有關，所以它也同時想像另外那個人。這解釋了為什麼在你們的層面會有人看到兩個鬼魂在同樣場景不停互動。那就是靈魂所依賴的其中一部分記憶。

朵：如果那個情境是負面的，這會使負面的力量更大嗎？

S：會發生這種情況通常是因為靈魂不適應過渡到另一個世界，並把它看成是負面的經驗。這是出於恐懼的緣故。一般來說，當靈魂到了靈界，發現生前那世累積的業是負面的，它們就不想完成整個過程，因為害怕將會看到的景象。同時，它們的心靈也會鎖定恐懼的源頭，而那個場景很可能就是在那世使它們的業往負面發展的原因。它們的注意力只能聚焦在這上面。它們不瞭解在靈魂層面一切都是平衡的。雖然它們可能會到達比原本低階的層級，但這樣的設計並不是要帶給它們痛苦或折磨，這只是因為那裡跟它們的能量最相容，它們可以從那裡繼續發展。

朵：但有些人確實有看到已逝者的「鬼魂」或「靈魂」的經驗。它們會來跟他們說話，並且給他們訊息。這是一樣的事嗎？

S：不是。通常這些跟他們互動並提供訊息的靈魂，大都是他們的指導靈。如果這個人已進階到能夠接受生命的這個面向，他們的指導靈就會以這樣的方式跟他們接觸，以更直接的方式幫助他並提供建議。

朵：你的意思是，那並不是他們過世親人的靈魂？

S：有時候是，如果那位親人剛好能幫得上忙。通常它們都願意幫忙，因為靈魂會因業力而連結好幾世。即使所愛的人已到「另一邊」好一陣子了，他們的靈魂還是跟這個在世者有業力連結，因為他們毫無疑問地在來世仍會相見，所以會很樂意幫忙。很多時候，指導靈會幫忙聯繫已在「另一邊」的摯愛親友。指導靈和這位親友會合力把能量回音跨越靈界，傳遞訊息給地球的人。

朵：所以它們不是真的自己回來，只是送了回音(靈魂波)回來？

S：沒錯。這跟剛到靈界的那些靈魂有點類似，可是現在所說的過程是在控制下，而且是刻意去做的。這些靈魂會沈溺心靈，讓自己處於正確的心靈狀態，這是正面的事，它們將自己的靈魂回音投射到物質層面。有時它們必須做好幾次，物質層面的人才會開始注意或感知到。這是為什麼有時候在人們看到「鬼魂」或「靈魂」之前，會先有其他的怪異事件發生。它們已經在投射了；它們只是努力讓那個人注意到不尋常的事，這樣他們才更容易感知到靈魂回音（靈魂波的反射）。

朵：有些人說靈魂會回來給他們需要的建議，或是要他們不要哀傷之類的。

S：是的，因為過度哀傷會阻礙業的發展。你必須瞭解，你現在如此思念，深深哀悼的這個人，以後還會與你相見。你們不會永遠分開，這只是暫時的分離。你必須放下，繼續自己的成長，才能為下一世做準備。

朵：但如果靈魂想給在世者建議，它們能夠投射自己，告訴在世者事情。

S：對，指導靈會和過世的親友合作，提供在世者人生特定階段所需的建議。

朵：你是說指導靈也可能以過世親人的樣貌出現在生者面前嗎？

S：不是，指導靈會找已過世的親友來投射能量回音（靈魂波）。通常在「另一邊」至少會有一位，通常是更多。

朵：指導靈從來不會以過世親人的樣貌傳遞訊息？

S：不會，有時指導靈會自己傳遞訊息，而生者會說他們看到了天使或別的不知名的神聖靈體。

# 第十二章
# 轉世的規劃與準備

正在經驗轉世間靈魂狀態的催眠個案，敘述了在靈界其中一個學校的某個活動。

S：最接近的比喻就是，我正在出席一場講座。這個學習情境是讓體驗過某種經歷的靈魂告訴大家它的經驗，這樣所有的人都能夠從中學習受惠。我想你可以說我是在聽一場演講。

朵：演講內容是什麼？

S：我不確定能不能讓你理解，因為演講的形式是以心理的概念和影像呈現，不是文字。當有些轉換成文字組合時，放在一起會不合理，沒有意義。挺奇怪的。我想最好的說法是演說者想跟我們講解感官的可塑性，感官是如何會被誤導。這告訴我們，不能只依賴自己的感官，應該要依賴自己的直覺，因為直覺的頻率與宇宙的基本心跳頻率相同；直覺會引導你。現在正談到感官如何被欺騙，譬如說，他在給我們看各種自然物體，但顏色跟質感都不對，證明了我們的眼睛可能會被欺騙。舉例來說，藍色閃閃發亮的秋葵（笑聲）。你也知道，聽起來很荒謬。但他給我們看這些影像，再跟別的影像對照，證明了鼻子和耳朵是會被騙的。這是一場很有趣的演說。他們鼓勵我們多使用自己的直覺和心靈力，因為在這個世界比較容易發展這些能力。在這裡多發展的話，回到物質層面後，能力比較容易展露。因為物質層面設有某種障礙，使得這些能力不易被接通，但如果你在回去地球前，高度發展了這些能力，你就能通過物質界的障礙，使用它們。

朵：你在那一邊會依據自己的需要來決定做什麼事情嗎？

S：基本上看你處在哪個階段。對我來說，你所吸引到的就是你需要的東西，這是這裡運作的方式。你之所以會吸引某些東西，就是因為那是你需要學習或體驗的，這樣就可以滿足你發展的需求。

朵：所以想要學習較為複雜事物或知識的靈魂，也會自然地找到這些進階的東西嗎？

S：是的，想要學習的靈魂都會找到所需的知識。而知識出現的先後就是他們需要的順序，好讓靈魂妥善使用。但也有些靈魂……雖然認為自己想學習，可是卻不真正去學，總是晃來晃去，然後覺得自己怎麼都沒有進步。這些靈魂總是會有很多理由解釋。

朵：當然，很多靈魂想要馬上轉世，什麼都不想學。

S：沒錯，有很多不幸的靈魂，堅持要把自己綁在業的輪迴裡。但其實你在這一邊越有進步，就越不容易受到過去世的因的影響。就業的層面來說，你就能繼續去做更偉大、更好的事。這麼說你瞭解嗎？

朵：其他人可能不會瞭解，但我理解。我總是在努力學習新的事物。

S：對，你就像我們的一員。你也熱愛學習。

以下是個案敍述回到地球前的準備工作。

朵：你現在在做什麼？

S：我和其他靈魂在一起。我們組成一個小組，你可以說是某種討論和規劃的小組。我們大多數人在前世都有業的連結。這裡有一位是小組的主要指導者，我們個人的指導靈也在附近。我們正在討論與規劃來世要處理哪些業力問題，也就是個案的這一世。我們也討論和計劃我們的人生與業將如何交織和相互關聯，以及我們希望解決的業。

朵：這些是每次你回到地球，都會跟你有關聯的靈魂嗎？

S：對。還有另一個會影響業力關聯的因素，就是有時候特定的兩個人在一起時，他們會以幾何級數快速成長，而非慢慢成長。當他們分開時，他們會以一種特定的速度進步，但遇到一起時，由於與彼此互動的方式，他們的成長會快速許多。因此一般都會鼓勵他們在來世繼續交會，才能繼續一同進步。我的個人指導靈也會在我下一世時跟我一起，引導和保護我。這可以算是額外的保險吧，他是我在物質層面時，幫助我連結靈魂世界的朋友。

朵：你有什麼方法知道他什麼時候在你身邊嗎？

S：指導靈嗎？在這次轉世時，我知道指導靈在身邊是因為視覺感知會改變，所有東西好像都會閃閃發亮。即使是單色也會強烈閃爍那個顏色的光芒，就好像是靈魂層面的顏色穿透過來了。在那些時刻，我的指導靈跟我特別接近，我們非常調諧，我的眼睛像是開始透過他的眼睛來看待事物。同時，我也會有非常平靜的感覺。

朵：你的指導靈有名字嗎？

S：我不確定，他曾經有很多名字。我可以透過心靈呼喚他，召喚我的靈魂友人，他說這樣就夠了。他有名字，但他說名字並非必要，而且我可能也記不得。

朵：所以每當你這世需要幫助的時候，你只要要求你的靈魂友人，他就能給你建議？

S：對。他可以在我的心裡說話，或是透過情緒和感覺，以直覺來引導我。他也可以促使事情朝特定方向發生。

朵：有些人好奇要怎麼知道是你的指導靈在說話，而不是某個心懷惡意的靈體。你知道要怎麼分辨嗎？

S：用現在這個語言很難描述。如果是你的指導靈，你的心，你的胸口會有種特別的溫暖、顫動的感覺，你也會看到一切發出美麗的閃光。這種特定的感覺無法被複製或模仿。而且你通常會把這種感覺跟舒適、自信和安全感聯想在一起。如果是心懷惡意的靈體，你會有不安全感、恐懼，也或許是憤怒。如果你認為做某件事是對的，那就去做。如果你想做某件事，但不確定對不對，或是當你開始做的時候，你就發抖或感到恐懼，那就稍等一會兒，看看有沒有其他感覺出現。通常等待的時候就會有別的感覺進來，於是你會想，「對，我應該要這麼做。」有時那會跟你原本要做的不一樣，或只是稍微不同，但那會是較好的歷程或路線。

朵：我也聽說如果是你真正的指導靈，他絕不會強迫你做任何事。

S：的確不會，他們只會說：「你要我提供建議，而這就是你最好的選擇，但決定權在你，如果你比較想做別的決定，我們就那麼做。」

朵：我還聽說，如果有任何力量介入，或有人強迫你去做某件事，那就不是為你好。

S：沒錯，這些概念是宇宙的根本架構之一。

朵：你還有其他的指導靈會幫助你嗎？

S：有，那個主要的指導靈會與我保持密切聯繫。也有其他指導靈關心我的進度，他們也關心其他人。也有一群指導靈關心我們這組的進度。我們在過去一直都有業力連結，你可以說我們是以一個小組為單位在進步，而我們各自也發展自己需要發展的事物。

朵：你現在是在一個特定的地方嗎？

S：不，不是特定的地方。我們就只是聚集在這裡，彼此很靠近。由於我們都是靈魂形式，你可以說我們在這裡飄浮。這是在不一樣的層面，但我也說不出是哪個層面。這裡的一切都很平靜安寧，有助思考和規劃。在物質層面將會是我母親角色的靈魂也在這裡。由於小組裡通常有一或兩個人還在物質層面，所以這樣的規劃會議很難得，如果有機會開這個會，我們都會好好把握。有時候因為我們大家都在靈魂層面，就能聚在一起協調事情。

朵：沒錯，我想如果有人已經回去地球的話，就會有點困難。

S：對，雖然如果需要，我們還是可以跟他們的潛意識溝通，但並沒有一般溝通來得清楚。

朵：你回到地球的時候，有誰會在你的生命裡扮演重要角色嗎？

S：有，其中一個靈魂與我的業力關聯是靈魂伴侶。他也在這裡，他會比我早一點回到地球。還有一個過不久就要回去的，他是我的祖父，他必須在我母親回去前先回去。他在人世層面跟我的時間重疊很短暫，卻足以深深影響我一輩子。他是很進化的靈魂。雖然現在看向未來有些模糊，但如果事情依我們此時努力的方向走，那麼我們最後就能達成計畫。我需要提醒自己要有耐心，並且依循我內心的感覺，而不是跟從兒童時期的教導。我能清楚看到孩童時期被教導的事在我成年後並不適用。

朵：這時就要運用你的自由意志了。你應該要自己思考。

S：是的，我需要經歷一些對我來說會很辛苦的轉變，但我的指導靈會幫助我。

朵：那麼，在你回來地球前，即使是小事情也都要找出處理的方法嗎？

S：我們努力找出處理的方法。我們討論彼此要如何互動。當到了地球層面，我們對這些事會有自由意志，但如果我們預先討論、處理，當指導靈試著引導我們時，我們會比較容易接收並對指導靈的指引開放。這樣處理業就比較有規劃。

朵：要不然就是在碰運氣了。

S：沒錯。然而，最後也是會取得平衡。

## 另一個場景

S：我在跟靈魂友人說話。這個朋友在我轉世後，會是我的指導靈。

朵：你看得到他嗎？

S：可以。他現在的樣貌是四十幾歲的成年男子。他選擇以這個年齡出現並不是因為真正的年紀，而是他想從別人那裡得到他要的反應。他的黑髮在鬢角已呈現銀灰色，鬍子打理得很整齊。他長得很像十九世紀初的英國醫生，穿著傳統的三件式西裝，看起來很有權威，鞋子擦得黑亮。這是他今天選擇的樣貌。我們在一個像是書房的地方。木地板上鋪著東方風格的地毯，還有皮面的書桌。書房裡有皮革沙發椅，書架往上延伸至天花板，房間裡還有壁爐。他戴著橢圓形的細框夾鼻眼鏡。他非常有智慧。

朵：我想像中的指導靈總是穿著白袍。

S：不，不都是那樣。這要看個人選擇。他想向我傳達特定的印象，是一種像是父親的保護者，或是非常關心我，替我著想，希望幫助和保護我的長輩。他知道我面對一般人類樣貌的他，會比面對穿著飄逸白袍的他更自在，我也覺得他這樣比較有親和力。他的眼睛是溫暖的棕色，非常友善。

朵：只有你看到他這個樣貌，還是其他人看到的他也是這樣？

S：這個書房只有我和他兩個人。這不是房子的一部分。這只是一個為了製造氛圍的場景而已。如果別人從旁觀察，只會看到一大片靈的外質，看起來就像一團薄霧。但他們會從那團霧散發的感覺，知道這是一個用在特定目的的靈質構造。他們也會意識到我們在這個靈的外質結構裡。

朵：你和你的指導靈在談些什麼？

S：當我和你說話的時候，他在幫我組織資料，組織成你能夠用這個語言理解的方式。但在這之前，我們在談……應該說是溝通，溝通我在人世時要怎麼幫助自己的業。

朵：在你下次回來的時候嗎？

S：沒錯，我很難用你的語言敘述，讓你瞭解他在說什麼。但我瞭解他說的。

朵：下次你看到他的時候，你們可能會在不一樣的場景，他的樣子可能也改變了，是嗎？

S：不，大多時候，我們見面時他的樣貌就是這樣，至少臉是一樣的。有時候他的穿著不同。有些時候，他的白髮沒有那麼多。但我通常是透過特定的心靈感受認出他，而不是外貌。

朵：有的時候，在你的腦海想像他的樣子會很有幫助。

S：對，當我在人世的時候會非常有幫助，但熟悉那種心靈感受也很好，這樣我就能知道他在附近協助我，即使我那時沒有特別觀想他。

當這位個案醒來時，我告訴她催眠療程中發生的事。她說那個房間和那個男人聽起來像是她這世經常重複做的夢裡的人事。我建議她，如果想跟指導靈說話和請求協助，她可以想像那個男子跟那間書房，這會很有幫助。

## 業

S：我現在在看業的關聯。

朵：可以解釋一下嗎？

S：在生命的輪迴中，特定一群人之間的特定連結會一再以不同的組合出現。比方說，某人在某一世可能是你的伴侶，另一世是你的父親或母親，而另一世是你的孩子或好友。這些連結會在不同的人世一再出現，有時連結強，有時連結弱，但一直持續在成長。而最後，當我們大家都到達終極（源頭）時，這些連結已經發展到只要渴望，我們就能成為一個比我們所有個體加總還要偉大的存在體的程度了。

朵：我聽過很多關於業的說法。你可以從你的觀點給我一個定義嗎？

S：業實在是包羅萬象和複雜，我沒辦法說得清楚。我不認為我可以用你的語言，或甚至我的語言來給它一個好的定義。業……我之前談過不同的宇宙以及這些宇宙如何交織和互相影響。每個個體生命的能量就像是一個小宇宙，而這個能量如何與你們宇宙裡的其他能量互動，尤其是其他生命形式的能量互動，就構成我們稱為業的複雜概念。

朵：我可以說說我聽過的定義，你告訴我是否恰當。我聽過業是平衡的法則，因果法則。如果你在別世做了壞事或傷害了別人，你之後必須償還，但我聽說業也適用在好事。

S：沒錯，業就是那樣。不論你在哪個宇宙，因果法則都是最基本的法則之一。這個法則是業的其中一個基本原理，支撐著整個架構。業也應用在不同能量如何互動，有時是因，有時是果，這都是複雜的行為組合。業就是這樣產生。而任何開始的行為都可以說是「因」，而所帶來的任何結果都可以說是「果」。這個「果」也有可能是其他「果」的「因」，一切都環環相扣。就像是有個用鏈環做成的球體，形成球體的每個鏈環都相互串連在一起。你們可以用這個比喻來想像因和果，想像它們是如何相關。這就是業如何連結所有的生命能量。

朵：我聽說業是宇宙的基本法則之一，因為沒有人能夠逃脫業，你必須要償還。

S：我們無時無刻都在處理業，光是呼吸這個行為就能淨化業力。不論你做什麼，你一直都在解決過去的業並創造未來的業。這就是生命的循環。

朵：有沒有什麼辦法可以避免創造未來的業？

S：宇宙之所以繼續，就是因為不斷在創造未來的業。你未來的業不一定是不好的。隨著你處理過去的業並在這一世盡力而為，你所創造的未來業就會是善業，這對你的來世會有好的影響。你將能繼續並改善你的來世，直到你達到終極。

朵：有很多人說他們只想趕快解決一切。他們想還清所有的欠債，不再製造新的債務。

S：當你到達業的較高層級，你就不再需要經歷物質層面的人世來處理業了。你可以在靈魂層面處理，並且仍然朝向終極目標努力。即使當你達到了終極，你的業也會繼續影響這個和其他宇宙，並在宇宙的複雜掛毯中運作。不要把業想成是囚牢，業只是一個自然的循環，讓你可以成長，成為你最終極的自己。

朵：很多人說他們不想回來，不想重頭來過。

S：他們還不成熟，他們在生命的循環裡還有很多成長的空間。

朵：我想，大多時候人們對業的看法是，如果他們過去傷害了別人，那麼他們現在就必須償還。

S：這是不成熟的看法。這只是業的一個面向。就拿你的生命周期做比喻好了：當你還是孩子的時候，你總會覺得懲罰是壞事，因為你做了不該做的事。之後你瞭解它是幫助教導你應該做什麼；是為了幫助你生存並好好生活。再之後，當你遇到好或不好的事，你瞭解是因為你過去犯的錯，或是別人的錯導致你必須面對那個錯誤的後果。當你繼續人生的旅途，你犯的錯少了，你的人生慢慢安頓，進入舒適的模式。那些把業跟過去所做不好的事連結在一起的人，還是在把業看成懲罰的階段。他們應該把它看成是幫助他們成長，變得更好的教導工具。這些人在生命的周期裡還年輕。

朵：有時業看起來確實很複雜。比如說，有人一輩子都做好事，卻死於非常暴力的情況。沒有人能理解為什麼一個好人必須這麼死去。像這樣的事讓人覺得不公平。

S：有時在下來進行另一次人生時，靈魂自願經歷某些似乎與他們要過的人生很不相稱的事件。因為自願經歷那樣的體驗，可以幫助他們解決許多原本要好幾世才能處理的業。這並不是他們因為曾經做過的什麼事而受的懲罰，這只是他們覺得自己已經準備好，要用濃縮的方式一次解決很多業。

朵：但這樣的話，也會影響到這一世跟他們有關的生命。

S：沒錯，但其他人可以把這個當作成長的經驗，增加智慧。

朵：我也是這麼被告知，只要能從經驗裡學到東西，那就值得了。

S：沒錯。

朵：你剛剛說你在看業的循環，是跟你自己的人生有關的業嗎？還是什麼？

S：對，我在看我的生命循環裡持續出現的連結。看起來它們在我未來的人生也會出現，在你們所說的現世和未來世。

朵：你是說以前跟你有關係的人，你們在未來還是會繼續有關聯？

S：對，他們會在這個個案的這一世再聚，處理一些業。他們要求這世再在一起，結果獲准了。

朵：所以你只是在看那些模式，在觀察。你並沒有辦法去影響，是嗎？

S：你是說往好的方向嗎？

朵：希望是往好的方向，如果可以，我們不想是往不好的方向。

S：我無法影響過去世的業，因為那已經發生了。在這一世，或許我可以給些溫和的提醒。我不知道有沒有絕對的影響，但不會有壞處。我可以在她的潛意識放一些想法來影響她的未來世，這些想法在未來會開花結果。每段生命都會影響其他人世。

# 第十三章 議會

我回溯個案到轉世期間，發現她在出席議會的會議。周遭的環境超脫世俗，美觀壯麗，顯然是在較高的層面舉行。

S：如果用物質層面的眼睛來看，我們所聚集的地方是飄浮在半空中，但其實這裡是由能量場支撐，你們層面的眼睛並無法感知或看到這個能量場。它是美麗的深紫色，包圍著我們每個人。這裡沒有牆壁或天花板；一切都是深紫和金色。飄浮在能量場中間的，我想應該可以說是會議室。四處都有金色的柱子，柱身有凹槽裝飾。這些柱子除了美觀外，沒有什麼特別的目的，但可以用來聚集能量。柱子以等距的方式排列，整個結構可以用來當作產生能量的裝置，但這不是它們的主要用途。在柱子後面是金色的帷幕，金色映襯著紫色，非常漂亮。我們坐的家具是金子做的，但上面有木頭紋理，就好像是用長出來就是金子的樹木製成。非常美。

朵：你們圍坐在桌邊還是什麼的嗎？

S：沒有，我們是圍坐在這個議會廳的邊邊。大概有四、五排錯列的椅子往上排列，這樣後面的人就不會被前面的人擋住。其實也不是真的椅子，是一層一層往上的平緩階梯，就像露天劇場那樣。階梯環繞著中間的空地。如果有人想要上前講話或發表意見，他們可以到中間大家都看得到的地方。這裡很像是有著金柱子和金帷幕的橢圓形法庭，旁邊有層層階梯，中間空著的地方有個講台。但是這個講台比一般的講台漂亮多了，很像木製品，不過它真的是用金子做的。講台是為了讓大家展示東西。比如說，從這個講台可以投射出你們所謂的全息圖，立體影像。

朵：為什麼會需要立體影像？

S：這要看當時討論的主題和需要呈現的東西。我們通常來這裡是討論我們在地球上曾有過的影響，還有以後會有的影響，它會如何符合整個大局規劃。在講台區域呈現的東西展示的是這個特定宇宙的整體模式、我們的業如何跟這個模式互動，還有我們需要繼續走哪條路，最終才能開悟。我們現在的形態可以飄浮在空中，如果我們想的話。我們不必坐下，但大家幾乎都坐著，因為這樣可以創造出更舒適的氛圍。

朵：你們現在是什麼形態？

S：我看到的靈魂看起來像白色的光。有點像各種形狀和顏色的迷你太陽，從中心發亮。好像一個能量球散發出光芒。從中心散發的光除了白色，還依稀可以看到別的顏色。有點像極光或蛋白石，只是我們看到的蛋白石通常只有一種顏色，但這些靈魂有不同顏色的光芒，似乎是顯示它們的感覺、情緒、想法和發展的程度。

朵：我以為光所呈現的形狀是人類的樣子，但其實它像一個球？

S：你就像是在看太陽一樣。你看不到確切的輪廓，因為實在太亮了。但你知道有個能量的中心，也看得到能量以光芒的形式散發。

朵：在跳動嗎？

S：是穩定的流動。

朵：散發出光？

S：這個形容不錯，就是從一個中心散發出來。每個靈魂都懸浮在這些層層階梯上的特定位置。每個靈魂都有自覺或自我意識，就像你和我一樣。只是它們理解的層面比你們高出許多。它們的位置是由某種能量決定。靈魂懸浮在空中，根據本身能量與周遭能量的互動而在不同位置。這些一排排的階梯以某種模式散發能量，懸浮在上面就跟坐在椅子上一樣。靈魂就是以這個能量墊支撐自己。

朵：你說這是在比較高的層面？

S：對，我們這裡的靈魂都是在轉世之間，我們一直在努力提昇自己的業（見第十二章）。我們已經到達這個特定層面，當我們沒有要轉生地球，就可以到更高層面去規劃自己未來的道路。我們也必須規劃如何幫助那些還沒有進展到我們這個程度的靈魂，同樣地，比我們進展更高階的靈魂也在幫助我們。我們幫助彼此。所有一切都是相互關聯，息息相關。

朵：你是說，這個層面比一般靈魂到達的層面還要高，但還是有比這裡更高的層面？

S：對，最高的層面就是達到完全的開悟。我們還沒到達那個層級，但我們在努力，也得到確定，我們有很好的進展。所以我們才會被賦予幫助比我們層級低的靈魂的任務。

朵：像是當指導靈嗎？

S：嗯……當我們在靈界的時候，時間不像在地球層面那樣適用。有時在地球層面的人會需要幫忙。我們可以較不費力地從這個層面幫助他們，因為我們是在較高的層面。我想你可以說這個角色有點像指導者，就像時不時會伸出援手的哥哥或姊姊。此外，其他現在正在靈界，但不像我們這麼進化的靈魂，常常會需要我們協助他們規劃未來的人世，以便繼續在業力方面進步。我們會以本身的經驗提供忠告和建議，他們再自己做出決定；就像更高層級的靈魂對我們的方式一樣。更高層級的靈魂在努力達成更高的目標時，也會跟我們分享他們如何提昇他們的業，以及同樣的做法是否對我們的業也有幫助。

朵：那麼如果有你回答不出來的問題，你會問別的層級的靈魂嗎？你看得到在其它層級的那些靈魂嗎？

S：現在看不到。我們是在這個層級的議會處理事情，目前都順利。但如果遇到困難，我們可以利用能量柱子和講台來聯繫較高層級的靈魂，他們就會過來與我們交流。

朵：你們無法到他們的層級去找他們？必須是他們來你們的層級嗎？

S：我們可以透過遠距溝通聯繫他們，就像你們的無線電。但要直接溝通的話，他們必須來到我們的層面，因為我們的開悟只到某個程度。我們的能量等級還沒能跟他們相容，無法上到更高層級。但我們可以去較低的層級，因為我們已經經過那些層級，知道要怎麼調整自己的能量與它們相容，所以我們可以去那裡幫助在那裡的靈魂。當你透過地球人世在業力上進步，回來之後，較高層級的靈魂會讓你了解你所完成的事。而你會發現自己的能量已經跟新到達的層面相容了。你記得別的層級是怎麼回事，所以你仍然可以到較低層級去幫助那裡的靈魂。

朵：你說從你的層級可以比較不費力地幫助別人，如果從其他層級需要花較多力氣嗎？

S：這要看情況。我們可以較不費力地幫助地球層面的人，這是因為我們一直跟那個層面有密切聯繫。當我們在這一邊時，我們可以看到能量的基層結構，看到所有事物是如何連結在一起。因此我們可以稍微從旁推動，幫助某人往特定的方向前進。這不必是任何重大的改變，卻可以讓事情往另一個方向發展，而不是原本發展的那個方向。

朵：在哪裡會需要你花最多的能量？

S：接觸更高層級需要較多能量，因為我們的能量跟那裡不相容。我們必須集中能量並提昇，才能在更高層級找到共鳴和諧的振動。另一個會花很多能量的情形就是需要去造訪或幫助那些有許多負面業力的人。一個人的業越負面，相容性就越低，要跟他們溝通或幫助他們也就比較困難，就像要把同極的磁鐵推在一起，它們會相斥，就像那個情形。我們認為他們無意識地築起了能量障礙。他們不知道自己是在如何影響自己的業。他們就一直重複這樣的循環。我們通常必須密切地注意他們，試著在他們較弱的時候突破障礙，給他們一絲希望的曙光。就這樣的一點希望，能夠幫助他們跳出負面循環，開始創造正面的業。

朵：這比起幫助那些較能接受你們世界的人要困難多了。

S：沒錯。那些在努力解決負面業力的人，就像是活在一個空心的甜甜圈裡。他們一直在這個甜甜圈裡面繞圈子，什麼進展都沒有。如果情況更糟，就像是以螺旋方式往下降，需要某人抓住他們，並幫助他們再次往上。然而，對那些朝正面業力努力的人來說，這就像在爬樓梯。這是開放得多的情況，而且跟他們聯繫要容易多了。負面業力的人通常是在關閉的狀態，比較難突破他們的心防。

朵：他們可能根本不知道你們在那裡。

S：確實不知道，他們在周圍築起的心智與能量圍牆，把他們不想面對的東西都擋在外面。

朵：你們會指派特定的人來幫助他們嗎？還是看到誰有需要就幫助誰？

S：我們不是被指派給特定的人。我們比較像在監看。我們被告知要注意整體裡的某個區域，每看到需要輕推一下或幫助的部分，我們就會主動採取行動協助。每次幫的人可能都不一樣。每當我們幫助某人，幫助整體的業朝向正面時，有時特定的人會因此受惠，但往往我們的行動總會一次就幫上許多人。

朵：這些人有指導靈嗎？

S：有，但我在的這個地方處理的是一般的事件，不是特定的人。

朵：如果說你比一般的指導靈更高階，正確嗎？有這樣的等級或階層制度嗎？

S：我不這麼認為。我認為是看你的業目前到什麼階段，他們就給你什麼任務，但任務這個字不對。當你在地球層面，你處理你的業，但業不是只有在地球可以處理。當你在靈界和像這樣的層面時，你也可以處理業，但方式不同。這很難解釋，地球的語言無法解釋這種細微的差別。指導靈的業已經發展到不一樣的程度。他們或許需要以特定方式成長，以更廣闊的角度看待事情，包括幫助別的靈魂。他們可能已經做過我現在在做的事，但這些也並沒有什麼特定順序。一切要看你這個個體如何成長。以我來說，我在過去做過一些個別的指導，而在我之上者認為，我這時參與這個議會對我的業最有幫助。他們也希望所有靈魂都有機會參與議會，才能以較為整體的角度看事情。這樣靈魂就能更明白自己的進展，並繼續往正確的方向前進。通常參與過這個議會之後，靈魂的業都會有相當好的進展，因為他們對一切有了比較整體的概念。

朵：你說你主要是負責事件，但也會與特定的人溝通，給他們訊息。你能夠聯繫這些人的指導靈並給他們建議嗎？

S：可以，我們跟指導靈有很密切的合作。他們會幫助特定的人，也會跟我們合作。他們想確定他們知道所有的事件，以便能最有效地幫助這些人的業。有時指導靈會告訴我們，某個人很確定並堅持要做某件事。指導靈會問這件事將如何影響整體事件？需不需要有所改變，才能讓最多人受惠？我們的合作關係很緊密，一切都息息相關。

朵：所以你從你所在的地方可以看到他們所做的事的可能影響？換句話說，你們可以看到未來？

S：我們可以看到可能發生的事情模式，而且通常都會發生。一般來說，細節會不一樣，因為在過程中有其他的個別決定。有時候在關鍵點時，會有個體做出跟他們的指導靈敦促他們去做的完全不同的決定，這時情況就會有些改變。在這之後，我們就必須去輕推其他事件的發生。但一直以來都是這樣的，宇宙就是這樣生生不息地波動。

朵：你會輕推他們回到原本的道路嗎？

S：不見得是對這些個體，但如果他們做出的決定會影響事件，我們之後可能得推動另一個事件，去減低可能發生的負面影響。

朵：這樣他們也就保有自由意志，去做自己想做的事。

S：是的，沒錯。

朵：你試著防止個體的決定影響整體結果，對嗎？

S：對。每個人都有自由意志去做他們想做的事。但如果他們所做的決定會對很多人有負面影響，那些人可沒有選擇要受到那樣的影響。這實際上是剝奪了那些被影響的人的一些自由意志。因此，如果一個個體做出的決定會對其他人有嚴重的負面作用，我們會試著控制事件，讓它們對其他靈魂的影響不那麼強烈。

朵：聽起來挺困難的。

S：很複雜，但這是我們成長的一部分，我們樂在其中。

朵：如果波及到很多人，那影響就非常深遠了。

S：這只是要讓事情維持在模式裡。很難解釋給地球層面的你聽，但在這裡，一切都很清楚。我們不見得會看到個體的看法或個別事件；至少在這個議會裡看不到。我們看到的是整體模式；它像發亮的能量網。如果能量網有阻塞纏結的地方，我們會用其他能量修復處理，讓能量網恢復完整。這會因此影響地球上的事件，因為這是能量的整體模式，它使所有事物存在，使一切發生。

朵：但你們沒有絕對的能力，對不對？你們也會犯錯嗎？

S：沒有，我們沒有絕對的能力，但我們一般來說也不會犯錯，因為上層不會給我們應付不來的任務。

朵：聽起來一切都息息相關而且非常複雜，偶爾可能會出個錯。

S：如果我們看來像是要出錯了，來自更高層級的靈魂會給我們建議，就像我們給較低層級建議一樣。

朵：歷史上有很多大型悲劇，似乎完全不受控制。我說的是戰爭之類的事件。

S：是的，參與這個議會的靈魂已經盡全力去控制跟那些大型悲劇有關的決定。很多時候這些事可以追溯到少數幾人，他們被困在自己的負面業力，沒有任何人能跟他們溝通。我們能做的就是去控制他們決定的後果，讓傷害或破壞在可控制的範圍內。

朵：但你說你們都看著這一切發生。從你那個地方看得到地球發生的事嗎？

我希望可以得到一些有關我們未來事件的資料。

S：現在不行。我們現在的會議正在討論會影響別的層面的事，不是地球層面。通常我們處理地球事務時，關心的是事情的整體模式。我們專注在業的能量的現象，而不是人事物的個別現象。我們跟指導個人的指導靈密切合作。這些指導靈看得到物質層面發生的事，這樣他們才能夠幫助個體。

朵：如果特定的人做特定的行為，指導靈能不能看到會發生什麼事？

S：可以，我們在不同人世之間轉換角色，看是要參與像這樣的議會，還是擔任個別的指導靈。這兩個我們都會重複做，因為經驗永遠學不完。而指導靈通常都參與過一般議會，或是曾有過密切合作，知道是如何運作。每當我們合作時，他們也有機會清楚地看到事情的整體模式，就像我們也有機會專注在個別的個體，瞭解我們在整體模式層面的工作是如何影響他們。因此我們會有很多資訊上的交流，只是在不同的觀點。

朵：但你說你們現在在議會討論的是其他層面的事？

S：對。有些靈魂最近來到靈界，它們才剛離開地球，現在正在調整的過程。每個靈魂從實體層面回到靈魂層面，或從靈魂層面到實體層面，都需要一段時間進行調整。他們要先習慣新的環境，才能開始繼續處理自己的業。所以在這些靈魂調整的期間，顧問或委員就會開會討論他們的狀況和需要。看是要如何最能幫助他們在這個新階段的業力進展。有些靈魂正在特定的靈界層面經歷這個過渡期，我們在收集最後的細節，這樣當他們準備好時，我們就能接觸、引導和幫助他們，讓他們好好利用這段等候轉世的期間，然後再回到物質層面，回到肉體裡。

朵：當他們剛到靈界時，會不會有一個特定的環境幫助他們適應？

S：會，這要看他們的靈性發展程度而定。我們會跟他們的指導靈配合，而且我們透過觀看這些靈魂的能量振動與業的發展，就知道他們的靈性發展到什麼程度。他們剛到這裡時，首先感知到的會是他們的能力可以處理的事。通常，可能的話，如果跟他們最近這世有關聯的靈魂還在靈界，我們會請他們來協助過渡，幫助靈魂做最初的調整，因為最初的調整總是最困難的。但在他們接受已經來到靈界，到了新層面的事實之後，就只需要給他們時間來適應新環境。那時候，肉體層面的經驗在記憶中已不再那麼清晰，靈魂可以從靈魂的角度來思考事情。然後，我們就能幫助他們繼續成長，直到他們準備好再次進入物質層面。

朵：這樣的話，他們對來到靈界就不會那麼驚嚇了，是這樣嗎？

S：對，過渡期一定是嚇人的，但我們會試著減低驚嚇程度，才不會讓靈魂有很大的挫折感。

朵：所以環境可能會是各種樣子。我一直對這點很好奇，有瀕死經驗的人常常描述差不多的場景。

S：對，他們描述的是物質層面和靈魂層面之間的界線。來到這個界線之前的方式通常很相似，因為必須穿越同類型的能量場過渡到靈界。但一旦到達通常被描述為隧道底端的光時——這個光就是界線本身——他們看到的東西就會依據個人的發展程度而有所不同。

朵：他們描述看到的人和景象，有時就像是在通過隧道。所以這些都是在通往界線前看到的東西？

S：對。這是幫助他們在最短的時間準備好面對即將經歷的震撼經驗。脫離肉體是很自然的事，就像呼吸一樣。但是從實體的物質層面過渡到靈魂層面，對內在系統會是個震撼。而他們看到的這些景象是為了幫助他們了解他們即將來到靈界，是在幫助他們做好心理準備。

朵：所以一旦通過那道光，就無法再回到肉體了嗎？

S：沒錯。當靈魂重新穿越那個光的時候，就會是為了進入另一個身體了。

朵：我曾被告知有條線連結著身體和靈魂。

S：對，而當你通過那個光時，那條線會被切斷，因為你正通過非常強烈的能量場。連結靈魂和肉體的線是一種能量，當你通過能量界線，那個線就會溶解。

朵：那麼那些描述瀕死經驗的人就只到那麼遠了。他們說感覺自己被拉往那道光，但是就回來了。他們顯然走得不夠遠。

S：他們還不到「穿越」的時候。當他們真的死亡時，也會體驗到同樣拉扯的感覺，但這次他們會完成過渡，而且是很愉快的體驗。但因為是一個大改變，還是會因此受到衝擊。

朵：所以這些有瀕死經驗的人是真的幾乎死亡？

S：是的，只是沒有完成整個過程。

朵：所以只要回頭，就能回到身體裡。有過瀕死經驗的人說，他們的人生在那次經驗後完全改變了。

S：沒錯，而且改變是必然的。會發生這種事通常是因為他們的指導靈認為他們已走入業的死胡同了。他們並沒有真的想要跳脫那樣的模式。經歷瀕死經驗會撼動他們的舊思維，刺激他們思考，他們因此能開始新的模式，並且將業導向不同的方向，希望是較為正面的模式。

朵：所以說「穿越」這個說法指的就是穿越那條能量界線。

S：沒錯，在地球的語言中有很多這樣的象徵比喻。「越過約旦河」、「通過帷幕」、「跨越」，這些比喻都在描述這個經驗。我在試著使用我認為你會熟悉的詞彙。「褪去舊衣裳，換上新衣服」的比喻，就是指你的能量線在經過能量界線後被溶解，並進入了存在的新層面。

朵：靈魂在那時會看到周遭環境或什麼景象嗎？

S：當通過界線的時候，他們只會看到明亮的能量。他們會有煥然一新的感覺，因為能量正在調整他們的靈魂振動頻率，使它跟抵達的新層級相容。這就跟「被約旦河洗淨」這個比喻相呼應。一旦到達「另一邊」，一開始在調整期的時候，他們會看到跟他們記憶裡或想像中的物質層面事物相像的東西，但是更完美和美麗。隨著他們逐漸習慣後，他們發覺其實那都是自己的心理建構，自此才會真正看到這個層級的真實面貌。但這是非常平緩的轉變，因為是以他們心理準備的程度來進行。他們的思想建構出這些視覺影像，直到他們準備好看見事物的真貌。

朵：真貌到底是什麼樣子？

S：要看你在哪個層級。很難解釋事物的真貌到底是什麼樣子，因為在地球適用的物理定律在這裡並不適用。比方說，通常我們想像自己在某個地方的時候，會想像自己是在一個星球上面，還有想像周遭的景物。但在靈魂層面就不一定如此了。你可能在一個有不同性質的特定能量場。依據你跟這個能量場的互動，還有你跟能量場其他靈魂的互動，會有各種的情形。所以要看是在哪個層級，這很難解釋。有時候你會看到視覺的類比，幫助你連結現在看到和以前體驗過的東西。

朵：你必須回去你的議會嗎？我沒有打擾到你吧？

S：沒有，完全沒有。因為屬於議會的我們，還有在這個層面的靈魂，無論何時，只要被你們層面具領悟力的靈魂聯繫上，盡所能提供清楚的答案協助你們，這是我們的業。而協助將較高層面的知識傳遞到你們的層面，幫助其他靈魂在業力上進步，也是你和這個個案的業。這都是模式的一部分。

朵：就是因為這樣，我才希望寫成人們能夠瞭解的文字，因為這非常複雜。我必須以他們能夠理解的方式呈現，這很重要，但也很困難。

S：正因如此，我的工作是提供比喻。更高層的靈魂說我很擅長比喻，我能夠讓物質層面的人們瞭解並幫助他們想像無法想像的事物。

朵：對，我需要象徵和比喻，這會讓我更容易理解，不然我根本無法明白。我歡迎任何你能夠提供的資料，因為我從不知道我們要往哪個方向走。所有的資料都很重要。

S：這些你以為是自己想出來的問題，其實是你的指導靈的建議，建議你應該問些什麼。請繼續保持想像力，對這些似乎是隨機出現的問題保持開放，並繼續探討這種種問題。我們這一邊也會繼續努力用你和物質層面的人能夠理解的方式來提供資料。

朵：我們認為是人們瞭解這些事的時候了。

S：是的，這也是你的指導靈給你的想法。因為是我們決定人類什麼時候要學習更多這方面的事。

我曾被告知除了一般議會，上面還有更多不同層級的議會。我不知道有沒有極限，因為我聽說有宇宙層級的議會管轄整個宇宙，也有在造物者層級的議會；參與那個層級會議的靈魂被視為是與上帝一起的共同創造者，他們創造新的宇宙或任何需要的事物，永無止境。

我想，要期待凡人的心智能夠理解這些是不可能的，即使只是瞭解其中一小部分。然而，知道這個宇宙的事物比我們所可能想像得還要多得多，這是一件多麼有趣迷人的事啊！

# 第十四章 印記

印記這個極端的概念是在我無意中問了一位男性個案一個問題時，意外提到的。

朵：你在地球經歷過許多轉世嗎？

S：這是第一次，是我第一次真正投生在地球。我有許多來自他人經驗的印記，也曾幫助過很多人。然而，這是我第一次真正在地球的肉體轉世。

這是什麼意思？這很令人困惑，因為當我們剛開始合作的時候，我們觸及了四次人世，而且確定是發生在地球上。那些早先的催眠回溯究竟是怎麼回事？

朵：那麼我們之前討論的都不是真的了？

S：那些是印記和協助的紀錄，它們不是真正的肉身轉世經驗。

在我以非正統的方式尋找知識的過程中，我得知許多令人驚訝的事，但這真的難倒我了。我從來沒聽過印記這回事。在回溯催眠中，個案要不有轉世，要不就沒有。另一個唯一的可能便是整件事都是出於個案的幻想。我向來都很自豪自己能夠辨識這其中的差異。但在所有我讀過的有關前世記憶的可能解釋或理論中，我不曾聽過「印記」的說法。我很困惑，如果人的一生不一定是指肉體的轉世，那我又怎麼知道自己面對的到底是什麼狀況？

朵：你的意思是，有些靈魂並沒有真的經歷那些過去的生命經驗，而是取得……

S：他們可以從阿卡西紀錄提取資料，將這些資料銘印在靈魂裡，所銘印的資料就成為他們的經驗。

曾有其他研究者表示，阿卡西紀錄裡沒有時間，只有事件、情緒和所學到的課題的紀錄。

朵：嗯……你可以告訴我，當遇到這種事，我該如何分辨所聽到的是真正的肉體經驗還是印記嗎？

S：不能，因為連我都無法分辨。假如我是使用印記，那個印記會真實無比，一如我親身實際的經歷。所有的情緒、記憶和感受，所有關於那一世的經驗都存在於那個印記裡，因此，就我的觀點來看，我無從分辨，因為我全然地沉浸在那個經驗裡頭。這就是印記的作用。它可以讓未曾去過某個星球的靈魂「經歷」好幾千、幾萬年在那個星球的經驗。

朵：印記是為了什麼原因呢？

S：如果一個靈魂從來沒有在地球生活過，或是離上次的地球人世已經很久了，他會沒有東西可以參考、使用或聯想。如果靈魂來到這個星球而沒有印記的協助，他會完全的迷失，無所適從。他不會瞭解這裡的習俗、宗教、政治，或是如何在這個社會環境下生存和互動。這就是印記的必要，如果他們的潛意識裡不曾有過先前的地球人世經驗，就必須要有印記。為了讓個體適應地球生活，一定要有某些他可以擷取，以便和日常生活經驗對照或比較的基礎。如不然，他會生活在失衡和不對勁的情緒裡，等到他累積了足夠的類似經驗來回顧和理解他的遭遇時，這時也已過了大半人生。這個個體所經驗的困惑與不和諧感會磨蝕掉他的任何學習；由於他總是處於不和諧的狀態，學習的一切會因此被扭曲而變得毫無成效。這是為什麼必須要有「印記」來協助他適應這個新環境，並在全然陌生的經驗裡感到自在的原因。對他來說，即使是小到像與人爭論這種事都會讓他不知如何應對。這些單純的靈魂不曾經歷你們所知的憤怒或恐懼，這種負面情緒會令他們無力，會癱瘓他們，使他們受創。

許多人相信，人類的各種經驗、思考模式和應對事物的方式，這一切都是被環境塑造或制約而成。一個剛出生嬰兒的心智是空白無瑕的，所有的資訊都是在成長過程中透過學習而來。人類依賴潛意識記憶的程度，顯然比我們所知道和察覺到的還要多。潛意識就像電腦資料庫，我們每天不斷地從中提取資料比對。根據這個新的概念，第一次進入肉體，面對陌生全新文化的靈魂，必須要有某些過去的記憶以適應新環境，讓他們有參考的依據。這個說法令我驚訝，也開啟了我全新的思考方式。它可以改變我向來對輪迴轉世的看法。

朵：但是，有沒有任何方法能讓我分辨個案所憶起的前世，究竟是他確曾活過的人生或印記？

S：你為什麼想分辨呢？

朵：嗯……這樣可能有助於證明我想證明的事。

我內心覺得好笑，因為它帶出了一個問題：我究竟要證明什麼呢？他似乎看穿了我的心思。

S：那你想證明什麼呢？

我搖了搖頭，笑著說：「問得好。」

S：我們很快會讓你知道，你其實已經有答案了。

朵：嗯……我是想證明輪迴的真實性，因為很多人不相信這個概念。透過回溯催眠，個案可以憶起前世，如果事後能查證在那個時間確實有那個人的存在，我便證明了這些事的真實性。但是，假使那個人所回憶的是個印記，我們還能去印證它嗎？

S：是的。因為印記的經驗仍是真實的，雖然它並不是你現在所催眠的這個個案的親身經歷，但這些經歷都確實存在。所有的資料都會是一樣的，就像你是在和那個曾經存在於那個時間點的靈魂說話一樣；印記已是他靈魂實相的一部分。永遠跟著那個靈魂。

朵：有時候，不只一個人敘述同樣的前世。印記是不是可以用來解釋這種現象？例如，有好幾個人宣稱他們曾經是埃及豔后，拿破崙也有好幾位。印記和這種情形有關嗎？

我沒有遇過這種情況，但這是懷疑論者會提出的質疑之一。

S：絕對是的。因為沒有……（他找不到適合的用語）這些印記不專屬任何人，每個人都可以使用，因此試圖找出誰才是真正的那個當事人是白費力氣，因為毫無意義。

朵：這正是人們爭議輪迴真實性的其中一個原因。他們認為，如果我們發現許多人都自稱曾經是歷史上的某人，那麼輪迴便不可能是真的了。

菲：那些人面對的是拓展視野和知識的挑戰。他們接觸到與自身的短視信念相衝突的事實，以便挑戰他們擴展覺察力。

朵：所以不論誰是真正的埃及豔后或任何人來著，我們仍然有管道得知資料？

S：這些資料可輕易被那個真正經歷，或是銘刻著這個印記的數百位靈魂之一所驗證。這其中不會有差別。

朵：可是，不同的人會不會對同樣的印記有不同的認知？假使有兩個人都說自己曾是埃及豔后，他們對埃及豔后的認知有可能不同嗎？

S：這是個好問題。我們會說，人類的經驗就像過濾器，它會過濾並渲染流經心智的事物。因此，如果埃及豔后的某個經歷被敘述者的意識認為是不愉快的經驗，為了不造成對那個存在體的干擾或引發崩潰，這個部分可能會被刪除或改變。

這聽來像是自我編整。這是不是可以解釋有時錯誤發生的原因？然而這不就跟人們總是拿對自己有利的研究來證明自己的論點一樣嗎？

朵：所以即使如此，資料仍是真實的，只不過是從不同的角度觀看而已。

S：你說的沒錯。它仍會以最真實的面貌呈現，然而也是個體覺得最自在的內容。

朵：這也可以用來解釋「平行人生」的疑問嗎？兩個相同的人生明顯地發生在同時或相互

重疊？

S：是的。這也就是為什麼「平行人生」會產生矛盾之處。印記只不過是為了要讓某人能從中獲取社會經驗、規則、法律、習俗，以便有效地實現和活出他的人生。

朵：所以能不能被印證根本無關緊要了？

S：沒錯。證明的意義何在？我們可以費盡心血去查證某人的所謂前世，但就印證的角度來看，它完全沒有助益。然而，從這些回溯的記憶裡，我們卻可以學到許多，這不僅對回溯的個案有幫助，讀到或聽到的人也可以有所學習。許多知識可因此被分享，因而對每個人都有益。

朵：透過回溯重新經歷前世，有些人確實獲益良多，譬如更瞭解他們現世的人際關係。

S：沒錯，是這樣的。

朵：那麼是如何決定你或別人會有怎樣的印記？特定的印記挑給特定的人嗎？

S：個體轉世的目的決定了他所使用的印記。如果某人要成為一位領導者，例如總統，他就有可能擁有由部落酋長到歷任總統，或市長，甚或小偷頭頭等各種不同層次領導人的印記。如果強調的是領導力，許多與領導本質相關的印記就會派上用場，如此一來，這個存在體才會熟悉領導工作的各個面向和觀念。印記的好處還包括因此學到的人性、耐性、樂趣及消遣娛樂。多種面向的人生經驗都包含在這些印記裡。印記產生的方法超乎我的瞭解範圍，但它的作用是經驗多個或許是同時性，也或許是連續性的轉世，以達到透過他人經驗學習的效果。所有學到的課題因此都是共享的。我們每個人在這生所經歷的，在生命終了時，也將成為印記，被任何可以使用的人運用。如果把人生比喻成書，印記就是向圖書館借閱書籍，在閱讀後你對這本書（這個人生）便有了即刻的瞭解。

朵：你是說，生命的能量就像被儲存在書裡，置放在圖書館，想使用這個資料的人都可以使用這個印記。

S：沒錯。並沒有限定某個特定的人生可以被多少人使用。數以千計的人可以同時銘刻同一個生命經驗。

朵：因此，我有可能在催眠個案時，遇到不只一個人描述同樣的轉世，如果這個相同的印記都被他們使用的話。

S：是的。印記是在轉世前就選擇好的。方法過於複雜，難以瞭解。但你可以想像有那麼一台萬能電腦，它擁有每個人的每一次人世紀錄。當某人要轉世時，他所設計的人生和他對這次生命的期望，都會被輸入這個電腦，接著適當的印記被挑選出來並銘刻在這個靈魂裡。有一個階層的靈體在專門負責這項工作。有個「議會」監管這個運作並協助靈魂。電腦和議會瞭解這個靈魂的任務和可供使用的所有前世資料。所有的人世都已儲存在紀錄庫，由此挑出符合個體即將展開的人世需求經歷。所有的記憶、思想、感官覺受，真實活過的生命所擁有的一切，都完整如實地保存。它是一個全息圖，那一生的立體總和。一切經歷、記憶、情感都被銘刻在這個靈魂裡，並成為這個靈魂的一部分。轉世結束後，這個靈魂依然會帶著這些銘記的資料，它可以說是生活在這個存在層面的禮物，印記因此成為這個靈魂的永恆紀錄。

朵：若說印記是一種模式恰當嗎？還是有其他的字彙？你選擇了這些模式來打造你的人生。

S：可以這麼說。

朵：我有個有趣的想法，這就像在圖書館裡蒐集資料做研究，對不對？

S：是的。你被給予許多不同主題的書籍，利用手上可得的知識實踐人生。

朵：可是當一個人是真正地經歷人生，他可以從日常生活得到許多寶貴經驗。印記也可以提供同樣的價值嗎？

S：你這是從業力的觀點來看，我們會說這是不正確的。因為印記只是供作參考，使你在地球人世有一個比較與適應的依據。它並不會抵消任何業。它可以是一項用來平衡因果的附加工具。假如每一個人都使用印記，就會產生「停滯」，因為再沒有人會去經歷真實的生活。這樣一來，最終就沒有可供使用的相關印記了。因此真正地在人世生活是必要的，這樣才有新的資料加入這個檔案圖書館裡。

朵：沒錯，因為一段時間過後，靈魂會比較喜歡利用印記這個捷徑，而不去真正經驗和創造。

S：對某些靈魂來說，這個捷徑是合適的，對其他靈魂則不然。這個載具（指個案）現在所經歷的人生，正符合他的需要，因此印記這個捷徑就不適合他。我們也可以說，他只要等待另一個靈魂在此時經歷轉世，然後他再接收這個印記就可以了，不是嗎？然而，這麼一來，他就學不到實際的經驗了。靈魂的自由意志的意義正在於此：是這個靈魂的自由意志，而不是其他人的意志決定那個特定的印記。在轉世之前，所有相關資料都被輸進電腦，然後那些適合的前世經驗便被提供作為印記。電腦選出適合的印記，但卻是由那個個體作出最後的決定。不論什麼原因，如果靈魂覺得無法接受某個印記，他絕對有權利拒絕。如果靈魂決定「我不想要那個印記」，那麼，就會如他所願。

朵：我有點迷糊了。你的意思是，根本就沒有我們所以為或認知的輪迴存在嗎？

S：我的意思是，有肉體的轉世，同時也有印記的存在。某人可能有五次真正的人世，但卻有五百次的人生經驗。這是轉世與印記合併的效果。

朵：換句話說，印記是在你一出生就有的資料，而且供你在這整個人生中使用。

S：在出生的時候，所需的印記便已銘刻在靈魂裡。然而，只要有需要，你也可以隨時取用額外的印記。這就像出外旅行，打包了行李出發，但在途中你發現忘了攜帶某樣東西。沿路會有些商店，於是，你到商店購買所需的物品。……你對疊層式地圖熟悉嗎？舉例來說，你可能有一個沒有標示出各州輪廓的美國地圖。疊層圖是由許多連續透明片層層置放上去，你因此可以看出地圖全貌。這也可以用來比喻印記。印記以不同的方式層疊，有的可能出現在夢裡，有的可能是某種實際經驗。你或許經歷一個創傷事件，例如家人死亡或失業，或任何能開啓你內心情感的經驗。不論這經驗是愉快，是悲傷，或介於兩者之間，關鍵都在於開放自己的心。而那個必要的額外印記會在個體沒有絲毫察覺下，完美的「潛入」。

但事實上，你也可以實際去經驗許多人世，而不使用任何印記。印記只是輔助工具，不是每個人都需要。

朵：我剛想到一件事，耶穌的生命也可以讓一般人作為印記嗎？

S：耶穌的人生是可以使用的，歷史上也有人用過。這是提供的印記裡非常特殊的生命，它擁有所有人類追求的理想特質。

朵：你是說耶穌的生命原則嗎？

S：沒錯。

朵：能有這樣的印記會很令人欽羨。

S：這會是最有助益的印記。這個印記就像是人生中有個心靈的朋友。很多現在在世的人有這個印記。耶穌來的目的就是為現今的演進做基礎，為了治癒地球而銘印這個特別的生命。這就是「基督意識」。每個接納耶穌為友或是如耶穌一樣是療癒者的，都有這個印記。當他們在自己的發展過程中達到特定程度的意識時，就能召喚這個印記。

朵：我在想，這個經驗是不是就是基督徒所說的「重生」，這個人的生命完全改變了？如果他們具有耶穌的印記就會發生這種事嗎？

S：這是意識到這個印記，它也被視為「重生」。很多人描述這就像耶穌進入了他們的生命一樣，但事實上耶穌一直都在他們的生命裡。這就像在衣櫃找到顆寶石。

朵：所以當他們覺醒，在意識到之後，人生就會改變？

S：完全正確。

朵：當真實的改變發生時，他們的意識層級是否也會變化，他們會從基督意識來行事？

S：他們透過內在層面的基督意識行事。基督精神被帶入心靈的永恆火焰，燃燒為無條件的愛。

朵：所以這是真實的經驗了？許多虔誠的人都經驗過？

S：沒錯，這是深刻無比的經驗，就像黑暗中亮起了一盞明燈。

朵：我總是認為一定有方法把我的工作跟基督徒有過的這些經驗結合，證明其中根本沒有衝突。

S：這純粹跟使用的名詞有關。很多爭執都是因為對於要怎麼稱呼這些經驗意見不合。這只是語義學或歸類、標識的問題，還有人們自己信仰的傾向。每個體驗到的人都會給這個經驗不同的名字，於是就有了爭論。每個人都認為自己的想法或看法比較正確。因為必須要努力讓這些人知道他們的信念是確實的，即使沒有被歸類或有任何名稱。因為很多人會過於依賴賦予的名詞，這讓他們可以抓住那些看不到的東西。而到最後，它反而比經驗本身還更重要。

朵：這些經驗是限基督教獨有的嗎？

S：從一開始，全人類就有相似的經驗，只要人類存在，這些經驗就會持續發生。它在任何信仰觀念和文化演進中都會出現。如我說過的，好幾千人可以同時擁有一樣的印記經驗。耶穌的身體並不是基督意識的唯一化身。這個世界有很多體現這個概念的人，像是釋迦牟尼（佛陀）、穆罕默德、摩西和以利亞等等。

朵：我想，總歸一句「事實就是事實」，不論你怎麼稱它。

S：沒錯。

朵：這可以證明差異其實沒有人們以為得那麼大。

S：這其實只是稱法引起的爭議。必須要努力讓這些人看到名稱下的意涵，並且接受那些現象的本質。

# 第十五章
# 靈魂替換者

這次靈魂替換者的催眠經驗，完全是在預期外發生。然而，這種事也從來就沒辦法預料。每當回溯個案到出生經驗，大多數人重新體驗的都是以傳統方式來到這個世界，因此我對這次完全不同的，進入肉體的方式毫無準備。

這次的個案是一位年輕女性，在催眠前她已告訴我她的出生故事。她說她一度死於母親在家生產的時候。醫生努力了，但沒辦法把她救回來，於是醫生把她癱軟的身體放到一旁，轉而去照顧她母親，而她之所以現在還活著，完全是因為阿姨的幫助。雖然醫生已經宣告無救，阿姨仍花了好幾分鐘搶救這個沒有生命的身體，後來終於聽到微弱的哭聲。這個年輕女子聽這個故事已經聽了一輩子。她的家人都覺得，要不是阿姨的鍥而不捨，她今天就不會還活著了。

我想帶她回到出生的時候，看看到底發生了什麼事，因為個案向來能從這樣的回溯獲益良多。靈魂對母親懷孕期間和他們出生前所發生的一切完全清楚，透過回溯這樣的經驗，能讓他們更了解家人的情緒和態度。

我帶過許多個案回溯出生經驗，所以我能夠確定，出生的時候，這位年輕女子的靈魂根本不在寶寶的身體裡，她因為某個原因延誤了。或許，她還在另一個層面的學校與老師說話，來不及回來。也或許，她對於進入這個生命有些懷疑，老師們必須更努力說服她。靈魂常常在規劃地球學校課程的時候，嘗試清除太多的業。於是他們會開始懷疑，負擔會不會太重。這就像申請大學，有些必修課會比輕鬆的選修課困難，學生會開始發覺自己承擔的多過自己的能力。進入一個生命也是如此，在規劃時總是看似容易，而往往當業的關係安排好後，靈魂已來不及反悔。

我從研究中知道靈魂出生有兩個主要方式。他們可以在嬰兒還在子宮時就進入肉體，體驗實際出生的過程。靈魂也可以留在嬰兒的身體外面，守在靠近母親的地方，就只是從旁觀看。在出生前這段時間，他們可以自由來回靈界，因為這時候靈魂還沒有完全與寶寶連結在一起。但有一個重要條件，就是不論他們選擇哪個方式，都必須在寶寶吸入第一口氣時進入嬰兒的身體。如果沒有做到，就會造成死產。

由於她出生時的狀況，我沒有請她回到出生的時候，而是請她回到進入現在跟我說話的這個肉體的那一刻。也許，就是我的用詞觸發了這次事件。我數到三後，問她在做什麼。

S：我在觀察。

我沒有感到驚訝，因為我知道她不會在嬰兒的身體裡。

朵：你在哪裡？

S：在床腳。(深吸一口氣)我正準備進入這個身體，不再離開。在這之前都只是……短暫停留。

朵：你說嬰兒的身體嗎？

S：不，不是嬰兒的身體，是成人。

我嚇了一大跳，完全沒有心理準備。這是什麼意思？

朵：你是說你進入的不是剛出生的嬰兒身體？

S：不是。

朵：這並不尋常吧？

S：是不尋常，但漸漸開始變得比大家想像中常見。

朵：你說，在這之前你進到這個身體的時間都很短？這是什麼意思？

S：靈魂交換了。有點像試用期，決定要不要讓渡身體。看她是否要接受自己要求的事。

朵：這是她要求的？

S：對。是經由要求發生的，另一個靈魂覺得自己的時間到了。

我不太能接受她講的事，聽起來很像「靈魂替換」。這是露絲・蒙哥馬利著作裡出現的詞彙，後來被大家廣泛使用。它大致的意思是指靈魂「進入」某個活著的身體，而不是出生為嬰兒。我在之前的回溯催眠中只遇過一次這個現象。那次是靈魂進入生了重病的孩子身體。原本在身體裡的靈魂想要離開，於是出現了「換靈」現象。那次催眠療程是在一九六〇年間進行，那時根本還沒有「靈魂替換」這個詞呢。（這個事件記載在《五世記憶》裡。）

朵：為什麼？發生什麼事了嗎？靈魂替換的原因是什麼？

S：她以為自己能夠承擔她這世要處理的問題，當她發現力不從心時，她要求回家。

朵：你可以解釋你的意思嗎？

S：（深呼吸）她沒有她以為有的能力；因此她要求脫離這樣的處境。

朵：如果身體死了，不是也脫離了嗎？

S：沒錯，可是如果另一個靈魂可以接替，並且做許多有益的事，那為什麼要讓這個身體死去？是靈魂認為自己沒辦法解決自己選擇要處理的業，因此決定要離開身體。而這個身體……還不到死亡的時候，身體必須繼續。當發生這樣的情形，身體會繼續運作，好讓下一個靈魂可以進入。

朵：做這樣的事不會被反對嗎？

S：如果她取走身體的生命才會。

朵：你是說自殺嗎？

S：對。而這只是移轉身體給另一個會做好事的靈魂，這就沒有造成傷害，也不會有人對離開的靈魂有不好的想法。這個交換是雙方都同意的。

讓我困惑的是，這聽起來好像附身。最近有很多像《大法師》的電影，讓這個概念變得很可怕。

S：那是不一樣的。附身是乖戾的靈魂想要控制另一個靈魂，但在靈魂替換的情況並沒有控制的問題。身體裡只有一個靈魂。原本的靈魂必須自願放棄／讓渡這個身體，另一個靈魂才能進入，這是雙方完全同意的行為。附身卻是沒有獲得同意，無權的占有。

朵：這是在哪裡決定和討論的？

S：在靈界。我們會跟靈界的老師討論並做決定。

我納悶這個身體的人格會不會有意見。這個女孩想必並不知道有這麼重大的決定發生。

朵：她有去哪裡參與討論嗎？

S：有。當她睡著的時候，她的靈魂會出體到別的地方。

對我來說，這很令人不安。想想，我們的意識對於自己生命所發生的事的影響力竟如此小。我們的意識似乎就只是層薄膜，覆蓋著非常複雜的內在。

朵：這個討論持續了很久嗎？

S：大概有兩個月。

朵：你要進入的這個身體是幾歲？

S：二十一歲。

二十一歲？這又嚇了我一跳。我在這個女孩二十一歲生日後不久認識她，所以這表示這個改變是在我遇見她不久前發生的。然而她跟我平常接觸的一般人並沒有什麼不同。

朵：所以之前的靈魂在那個身體也待了蠻久的。

S：對，釐清了很多事。但是要處理的業實在太多了，那個靈魂沒有辦法完成。

是因為這樣，才延誤了出生時進入身體的時間嗎？她當時是不是在考慮自己能否完成她給自己的所有工作？她年輕的人生已經面對過許多問題，從表面上來看，她都面對且順利解決了。她真的一直活得那麼不開心而硬撐到二十一歲？

這是不是表示我們其實永遠不會真正認識一個人？我們是不是也永遠無法真正認識自己？這次的情況讓我頭一次強烈感受到人類的不同部分（身體和靈魂）和這些部分的獨立，我們對這些部分卻沒有什麼控制權。

朵：是誰決定誰應該進入這個身體？

S：靈界的老師認為這兩個靈魂性格相似，所以不會引起注意。

朵：你認識另一個靈魂嗎？

S：對，我們之前一起經歷過別的人生。

朵：你說這種現象變得越來越常見，為什麼？住在地球的壓力變得太大嗎？

S：對，而且移入的靈魂並沒有經歷出生或孩童時期的創傷，比較容易接受來自靈魂世界的影響。這種開放的態度不論是在現在或未來都非常需要，這些是要引導其他人進入未來的靈魂。靈魂替換現象的原因之一是時間不夠，載具也不夠。……必須要有對靈魂世界抱開放態度的人。如果可以不必經歷出生和孩童時期，不必忘掉之前的所有記憶，那麼這不是最理想的方式嗎？這樣就能透過他們做許多有益的事。靈魂替換者帶來的能量也會影響周遭的人，通常是表面上看不出的影響。許多重要的工作就是透過靈魂替換而完成的。

我從回溯催眠的研究裡，發展了一套關於兒童和前世記憶的理論。當靈魂進入身體，它的記憶還很清晰。突然間發現自己被困在無法與人溝通的嬰兒身體裡，靈魂一定很挫折，也難怪嬰兒那麼愛哭。他們其實想要告訴人們，他們是有智慧的成年靈魂，知道的比你能想像到的還要多。在剛開始的兩年，靈魂專注在學習運作這個新身體，學習溝通，於是這些記憶就被「靜音」，退到了背景裡。當少數還記得的孩子想告訴別人這些事情，就會被批評或嘲笑，直到他們不再這麼做並且表現正常。

我相信，如果這些孩子能被鼓勵，而不是讓他們覺得自己跟別人不一樣的話，他們會學習善用這些能力。而另一方面，進入身體的新靈魂，在新的身體裡不需經歷出生的創傷，也不用花上好些年等待身體成熟運作。他們有很強的心靈能力，因為從另一個世界帶來的記憶與能力都還很清晰和活躍。

朵：當靈魂替換進行的時候，身體會有任何感覺嗎？

S：不會，心跳和呼吸都照樣繼續。很多時候，替換是在瀕死時發生，這個人就像是死了又活起來。但並非都是如此，很多時候只是睡個覺，醒來時，你就在身體裡，原本的靈魂已經走了，但你接收了所有的回憶，因此你就是那一個人。

朵：那原本靈魂的業呢？你會替他們繼續嗎？

S：對。在約定的協議裡，我必須完成前一個人要完成的事。

朵：所以你要處理另一個人的業？

S：不太算是業。因為當一個生命開始，原本的那個靈魂有很多要做的事。由於會跟別的靈魂頻繁互動，如果某些特定責任沒完成，就會影響許多人的人生。因此靈魂必須先協議好，要能執行這些責任才行。

朵：你是說，進來的靈魂知道前一個靈魂的所有責任？而且是在進入之前就知道……

S：（打斷我的話）知道他們必須做什麼，沒錯。

朵：所以你有自己的回憶，而你也接收她的回憶？

S：我有她這一世的回憶，再之前就沒有了。

朵：所以你不會帶著她其他人世的紀錄？

S：不會，只有我自己的。

這又啟發了另一個有趣的想法。這是不是表示，如果我幾年前就回溯她的話，我得到的會是完全不同的人世記憶，跟這一年與她合作時得到的完全不同？這個情形曾發生在其他研究者身上，也因此往往被心理學家和懷疑論者拿來反駁輪迴的概念。

朵：為什麼這個人，這個進入身體的存在體不知道發生了這樣的事？

S：有時候是因為那時知道的話，衝擊會太大。有些換靈者一輩子都不知道。但他們的人生變得更好，更快樂，為別人付出，做了很多好事。記憶並不重要，做的好事才重要。

朵：我在想，如果身體有時根本不知道發生了任何事，這是否表示身體是另一個不同的、分開的實體？

S：不是這樣的嗎？如果你出生在某個身體，就算沒有靈魂在裡面，這個身體也可以持續一些時間。所以是可以分開的。

朵：你是說當身體是小嬰兒的時候，靈魂可以來來去去？

S：對。

這也是很多回溯催眠會提到的情形，當寶寶還小的時候，靈魂會連續長時間離開寶寶的身體。這通常是發生在寶寶睡覺的時候，而大家都知道寶寶睡得很多。這個情形會持續到寶寶大概兩歲的時候。靈魂這時通常在跟「另一邊」學校的老師談話，做出最後一刻的決定。這也是嬰兒猝死的可能解釋；靈魂離開身體太久，或是決定違約。然而靈魂與身體分開之後，身體還是可以在沒有靈魂的狀況下繼續運作一些時間。我認為昏迷不醒的人也是這種情況。身體繼續活著，但靈魂已經到了別的地方。所以我認為讓被宣判臨床死亡的身體繼續活著是不對的事。身體空著一段時間之後，靈魂決定回來的機率就小了。身體也可能被損壞到原本靈魂或其他靈魂都無法進入使用的程度。在這種狀況下，身體也就不可能恢復。

她講話的時候，聲音聽起來很疲累，反應也開始變得遲鈍。她不再有興趣回答問題，也想不起答案。我曾看過這樣的情形，那是在靈魂進入嬰兒身體的時候。當他們從「另一邊」被切斷，他們所知道的資料和知識也會跟著被切斷。他們會開始受到物質層面／身體的影響，不再從靈魂層面思考。

朵：我知道你很累，因為當你進入身體，你就會開始接收身體的記憶。你現在進入身體了嗎？

S：是的。

朵：現在是晚上身體在睡覺的時候嗎？

S：對。

朵：另一個靈魂已經離開了？

S：對。

她的回應越來越慢，好像漸漸睡著一樣。

S：（輕聲）再次感受到心臟好怪。感覺到這個身體……。

朵：你原本就計劃這麼快再回來嗎？還是本來是要待在「另一邊」？

S：本來就是要很快回來。我比較喜歡這樣回來，不必處理成長時會有的那麼多問題。我有很多工作要做。這個方式簡單多了。

朵：那我就讓你休息了，你這樣回到身體裡一定很辛苦。

更別提她剛剛帶給我的驚訝了。

這位年輕女子醒來後，聽到自己被催眠時說的話，形容她受到驚嚇還是很委婉的說法。她說，不！她無法相信！她不覺得自己有什麼不一樣，她覺得自己還是同一個人。她的意識反抗那個想法。和我一樣，她也覺得很難接受這麼複雜的事。我告訴她，如果她不想接受這個想法，可以不要接受。她可以就把它當作有趣的怪事看待。不過她確實有說她父母提過她好像不一樣了，在過去的一年有些改變。但這也可能是自然的成長過程。我們沒有人可以保持不變，我們都持續在成長。

由於大家都知道她出生時的事，而且經常在家裡被提起。很明顯，她最不預期知道的催眠訊息就是她是個靈魂替換者。

後來我從別的個案也聽到這個主題的類似說法。

朵：你聽過「靈魂替換者」這個詞嗎？

S：那是正確的說法。

朵：你可以解釋嗎？

S：我們之前提過，等待轉世的靈魂比可用的身體還多。有時候，靈魂會不想再以肉體的方式存在，物質世界的重擔與煩惱已讓靈魂無法再撐下去。於是這個靈魂就被給予過渡到「另一邊」的機會。接著，靈魂世界的某個靈魂就有機會進入那個身體。這就像是交換位置，對雙方來說都有好處。原本的靈魂回到了他真正的家，而那個靈界過來的靈魂得到了載具來處理業。

朵：如果靈魂想回到靈界，為什麼不能讓身體直接死亡？

S：這樣就會浪費了那個載具，那具身體。而且往往要考慮到時間因素。比如說，假設原本的靈魂必須和太太處理一段關係。後來先生發現自己無法負荷，於是回到了靈界。進入身體的那個新靈魂就必須負起責任，與太太共同處理那個業力事項。要完成了先前同意的工作之後，這個新進入的存在體才可以開始進行自己的工作和業。

朵：所以他必須答應完成先前靈魂要做的事？

S：沒錯。如果沒有雙方的同意，就不能進行靈魂交換。一方要交付業，另一方則承擔那些業。

朵：是如何決定誰會進入這個繼續活著的身體？

S：跟當初決定誰進入這個身體一樣的方式。根據誰需要跟這些人處理業。還有他們覺得自己能不能應付必須完成的事。以及這個靈魂是否進步到可以跳過出生和孩童時期的學習，帶著完整的記憶直接進入身體。

朵：要在出生時保有這些記憶不是更困難嗎？

S：（強調的語氣）我們出生的時候並不會失去這些記憶，孩子們都還有記憶。這可以從小孩在玩大人稱作「假裝」的遊戲裡看出來。身為大人的我們有意無意地用很多方式要孩子不要再說那些我們認為是想像出來的話。但隨著長大的過程，這些記憶會變淡主要是因為外界的影響，而不是存在體內在的變化。

朵：我以為出生和成長的創傷，還有學習怎麼使用這個身體會把記憶壓下去。

S：會壓下一部分的記憶，但不是全部。

朵：隨著孩子長大，如果這些記憶沒有被回想，就會漸漸遺忘了吧。我開始更瞭解了，可是我認為這會讓我困擾是因為聽起來很像被靈附身。

S：就像我們之前說的，如果雙方靈魂不同意，是無法進行交換的。這是事前達成的協議，而且雙方也會規劃時間表，規劃這個程序什麼時候完成。所以絕對不是在不知情或不情願的狀況下發生的事。這是合作的夥伴關係。

朵：但載具呢？那個人會發現有什麼改變嗎？

S：通常身體不會知道靈魂已經移轉了。因為新的靈魂也會具有那個生命的過往記憶。所以從身體的角度來看，沒有明顯的所有權改變。

朵：所以身體沒能說什麼。換句話說，沒人問過身體的意願。

S：意識並不會被影響或打斷，只是潛意識換手了。並沒有不舒服或是受干擾的感覺。有時候如果必要或想要的話，就會意識到並記起靈魂的替換。大多時候，這是逐漸的知道，而且也可能會記起轉換的確實時候。

朵：這就是讓我困擾的地方，好像你不能說什麼。

S：不是什麼都不能說，而是我們說多你也不會了解。

他顯然沒有聽懂我的意思。我是指接受靈魂替換的身體沒有什麼說話的權利。他以為我是說他與我溝通時，沒有提供足夠的資訊。這證明了在被催眠的出神狀態下，潛意識是如何以字面意思來解讀談話。

S：你不問的話，我們並不會知道你的問題是什麼。

朵：沒錯。你曾說過，問題和答案一樣重要。

S：對，一定要先有空缺才能夠填滿那個空缺。

朵：那麼，當靈魂想離開或違背協議，並不會不被接受？

S：這不是違背協議，這只是靈魂知道自己的狀態。因為我們這一邊的世界非常清楚，也知道不是一切都能照計畫走。所以這純粹是這種情況的理想解決方法。我們贊同這個載具的靈魂替換，因為令人欽佩且高尚。這比讓身體死去要有效益，而且有幫助。身體死去的話，就不能再使用，不能用來做好事或進行工作了。

朵：我想了解靈魂替換和自殺有什麼不同。是因為自殺會破壞身體嗎？

S：沒錯。

朵：所以自殺不被贊同？

S：對，不只是因為身體還沒有人接手就報廢了，靈魂的和諧也會被干擾。這種行為是難以原諒的。

朵：因為那個身體有必須完成的事，但卻中斷了？

S：沒錯。

朵：你可以告訴我在正常情況下，人體的發展過程中，靈魂是什麼時候進入身體的嗎？

S：這要看靈魂決定什麼時候進入身體。可能是受精或懷孕的那一刻，也可能為了避免體驗出生的創傷，在出生後一會兒才進入。這完全是那個靈魂的決定。情況也會依靈魂需要學習的課題而不同。

朵：所以你是說，人可以活一段時間但是並沒有靈魂？

S：不能這樣說，因為必須要有生命力才行。然而，靈魂在身體裡並不是生命力的必要因素，因為胎兒的生命力是母親給予的。但靈魂進駐身體的時間是由靈魂決定，什麼時候承接看管這個身體，並開始以自己的生命力去照顧滋養身體，這就是由那個靈魂來決定。

朵：所以說，我們沒有辦法定義生命是什麼時候開始的？

S：沒錯。所以墮胎不應該被批評是殺害靈魂，因為無從判斷身體什麼時候有靈魂進駐。

朵：如果我沒有理解錯誤的話，墮胎很可能沒有殺害任何生命，是這樣嗎？

S：決定是否墮胎的責任不只是母親的，也是原先要使用那個載具的靈魂的責任。這是在比潛意識更深的意識層面決定的。在這個決定的過程中會有意識上的溝通。

我們已經討論過，即將進來的靈魂在規劃階段就已經選擇了父母和環境，才會進入那個胎兒。靈魂不喜歡被困在發育中的嬰兒身體裡，因為靈魂習慣自由自在，所以不會在整個孕期都待在嬰兒的體內。如果靈魂想的話，它可以在兩個世界之間來去。在這段期間，寶寶的生命是由媽媽支撐，所以那個靈魂不需要一直都在。就算墮胎或流產也不會傷害到靈魂，因為靈魂是永恆的，無法被傷害。

如果那個靈魂仍想跟那個家庭有關係，它就會等待下一個機會。也許下一次母親再懷孕，她會較有能力養育這個孩子。而在這期間，也會有很多學習的機會。因此遇到墮胎，靈魂只會說：「沒關係，下次再見。」而在流產的例子裡，寶寶的身體因為沒有發展好，也不會是靈魂想要執行計畫的適合載具。因此同樣地，靈魂會等待下一個適當的時機，進入同一個家庭。

我有一個個案說：「我真希望你能把這些告訴我母親。她在生我之前，流產過一次，她這輩子都在哀悼那個孩子。」我告訴她，沒有理由哀悼，因為她母親什麼都沒有失去。而且第一個寶寶回來了，就是我的個案，也就是第二個孩子。我自己的家庭也發生過這種事。我其中一個女兒在生產時，小男嬰生下來就死了。過了一年她又生了一個男孩。我們沒有為第一個孩子哀傷，因為我們知道他以第二個寶寶回來了。顯然，他在第一次的時候，還沒準備好要跳進這個瘋狂的世界。得要有人說服他，「你簽了合約，你承諾了，你必須要做到。」

朵：另一個差不多的問題。我們試圖去維持已經沒有生命和運作能力的身體是合理的嗎？

S：一樣，這會是共同的決定。那些要做決定的人應該深入自己的內心和意識，跟自己和那個應該為自身做決定的個體（指已沒生命力的身體的靈魂）協調。這個決定過程，就是轉向內在，與這個決定有關的生命能量達成協調。

朵：回到靈魂進入身體的話題：靈魂有沒有可能拒絕那個特定的身體？

S：有。

朵：那麼那個載具或身體會發生什麼事？

S：用你們的詞彙來說，就是猝死。生命力量撤出了那個載具。

朵：這是嬰兒猝死的主因嗎？

S：沒錯。靈魂可能改變決定，或是需要離開。或許物質層面發生了什麼事，或靈魂層面決定要撤出能量。也有可能跟這個嬰兒有關的業的連結中斷了。可能跟這個嬰兒約定好在人生中未來某個時間相會的人，因意外還是疾病死亡，或決定不轉世了。這麼一來這個生命就會選擇不投生，因為原先的約定無法達成。

朵：有沒有就是靈魂改變想法的例子？

S：有。

朵：如果原先規劃好的靈魂沒有進入身體……

S：(打斷我的話)對，這麼一來，這個載具就可以讓別的靈魂進入。靈魂也可以替換。在這種狀況，嬰兒會像是奇蹟似的復活。這完全由相關的個體決定。其中往往牽涉到複雜的業，是你現在沒有辦法理解的。

顯然，身為有意識的人類，我們其實是整個地球上最無知的角色了。

# 第十六章 回程

靈魂在踏上回到物質層面的旅程之前，不但會跟老師和大師一起開會計劃，還會跟有業力關聯，要一起解決業力的靈魂討論，更會去了解他們即將出生的那個家庭。

我跟一名女性說了這個概念，她覺得聽起來很怪異。她問：「你的意思是，在我懷孕的期間，我的寶寶其實一直在觀察我嗎？」她的眼睛因為驚訝睜得好大。這個概念雖然讓人有點毛骨悚然，但這是計畫的一部分，顯示靈魂對出生的環境有完全的控制。從以下的幾個例子，我們可以看到靈魂出生到某個家庭之前，是如何先去明瞭情況。

朵：你在做什麼？

S：我在觀察我即將出生的家庭。

朵：你還沒回到地球嗎？

S：還沒，我在觀察和瞭解他們，這樣我才知道要如何跟他們相處。
朵：你是從哪裡觀察他們？
S：我就在這裡（指那家人所在）。

她形容了這個家庭居住的地方。她即將出生於中國的一個平民家庭。

朵：你知道為什麼自己選擇這個家庭嗎？
S：我們以前就認識，而且我有需要完成的事。我跟這些人有必須共同處理的事情，他們在這方面可以給我很大的幫助。
朵：那你要做什麼？就在這裡等候，直到出生嗎？
S：不是，我們觀察和學習，有時候回去讓老師教導我們。
朵：所以你不需要一直待在這家人旁邊。那你什麼時候會進入新的身體？
S：有時是出生前，有時出生的時候，有時是出生後不久。
朵：所以寶寶出生的時候，你不需要在寶寶的身體裡？
S：不用。有些靈魂在寶寶出生幾天後才進入，這要看需要學習什麼。這次我應該會選擇在出生前進入身體。

朵：你的意思是靈魂會在寶寶附近徘徊？

S：是的，也有些已經進入的靈魂會短暫離開。或許他們不想留下來；他們在討論。大多時候靈魂在剛進入身體時，可以選擇是否要留下，如果因為某種原因覺得不妥而想離開，也可以選擇離開。

朵：會有原因讓他們改變主意嗎？

S：有。從他們決定進到這個身體，直到真正進入之前，有些事可能有了變化。也許他們認為父母還沒準備好，或是無法給他們需要的東西，也或者是自己還沒做好準備。

朵：如果可以退出的話，那這就不是萬無一失的系統了。你剛剛說有時候靈魂可以離開一會兒，來來去去的，這對身體來說安全嗎？

S：通常是身體睡著的時候才離開，這不會造成傷害，除非離開太久，那樣對身體有害，甚至可能死亡。

朵：但大多時候，靈魂可以離開再回來？

S：在肉體裡對靈魂來說是新的體驗，並不是說它們從來沒有體驗過，但有可能早就忘了。尤其是已經回到靈魂形式一段時間，重新進入身體會讓它們覺得自己像是被困住一樣。

朵：我可以了解為何會有這種感覺。所以當嬰兒還小的時候，靈魂可以短暫離開而不會造成傷害。有沒有到了哪個一定的年齡，靈魂就必須停止這種行為而留在寶寶身體裡？有沒有任何相關的規定？

S：如果可以的話，是希望一歲時就停止離開。但也有些例子是到了三歲、五歲都還繼續這樣做。這些例子通常是對靈魂層面記憶較久的靈體。

朵：但身體並不知道發生什麼事，對不對？

S：對。身體在靈魂離開的時間還是會繼續自行運作。

朵：你知道你這一生是要學習什麼嗎？

S：我必須學習……不要有太多欲望，學習怎麼跟他人一對一相處，學習不要貪求，就像有本書裡寫的。

朵：有本書？什麼意思？

S：其中一個我們學習的教材，那是一本指南。我希望我可以學好這些事。

朵：你在過去有很多欲望嗎？

S：對，經常這樣。這個課題或許比其他的還要難學，因為如果你什麼都沒有，卻看到別人有很多東西，你就會想要那些東西。你會想，「為什麼這個人沒有比我好到哪裡，卻比我擁有那麼多？」這是我必須學習及面對的問題。

朵：這是人都會有的情緒，你不需要那些東西，但還是想要。

S：我們必須學會「想要」跟「需要」之間的差別，並從中取得平衡。

朵：這是你在這生中希望學習的事情之一嗎？

S：我會努力學習。

朵：所以你認為這個家庭可以幫助你。

S：我是這麼希望。

朵：好，但你現在只是在觀察他們，為下一次回來做準備。你已經被分配到那個家庭了嗎？

S：對，已經這麼決定了。

朵：這一定要花一段時間去整合所有因素吧？

S：對，出生的時間也必須正確才行。

朵：這一切聽起來好複雜，對我來說是這樣。我想主管這些事的靈魂並不會這麼覺得。

S：至少這個系統有效。

諷刺的是，個案這次的人生並沒有照這個靈魂在進入身體前所計劃的一樣。他的主要課題應該是要學習不貪求，但實際生活時，肉體和物質的力量過於強大，而當然，他也不記得靈魂在「另一邊」小心規劃好的計畫。他成了一個非常狡猾的中國商人。我認為他是個小偷，或能言善道的「騙子」。他則認為自己是個聰明的商人。他最後因為垂涎一顆黑珍珠，雖然也成功到手，但這顆珍珠讓他被逮捕並被鞭刑處死。就如另一個靈魂曾經說的，當你在靈魂層面時，事情看起來都很簡單，但一旦進入了身體，事情就變得複雜，你會忘記你的目標。

另一個出生前的例子：

S：我在觀察即將成為我母親的女性，這樣我心裡才有個底。

她形容了那個家庭和房子。

朵：你覺得這個家庭怎麼樣？

S：我很沒把握。他們很嚴苛，他們對自己想做什麼有很明確的想法。我還沒有做最後的決定。

朵：什麼時候要做決定？

S：很快。我有選擇。我必須決定我認為自己應該學習的事情能否在這個環境學到。

朵：你會觀察多久之後才做決定？

S：有時幾天，有時候久一些。

朵：如果你決定你不想出生在這個家庭，會有別的靈魂來替代嗎？

S：對，但這個情況很適合我，我可以學到很多。

朵：你希望從這個人生學到什麼？

S：謙虛。日常生活與人的相處，學習容忍別人。我必須學習慷慨待人，不要保留。我需要努力跟他人建立良好關係，而不是自負傲慢。

朵：你過去曾經這樣？

S：對，我必須改正自己這個缺點。

朵：這次人生會有跟你有業力的人嗎？

S：對，我和即將成為我母親的靈魂。我們以前的關係有問題，我們必須解決，並且學習容忍彼此的缺點，愛對方。

朵：你還有安排別的靈魂在你這一世嗎？

S：有，會有別的靈魂在我的生活裡。會有人需要我的指導，我也必須努力指導他。因為之前失敗過，所以現在需要補償。

朵：你知道你在這次的人生要做什麼嗎？

S：我會成為神父。我必須走上那條路才能償還我先前欠下的債。

朵：我想那是你在過去世所欠的債。你已經規劃好你的人生了嗎？

S：可以規劃的部分都已經安排好了，但還是有牽涉到自由意志的地方。

朵：我聽說有些事一定要那樣發生，這種情形就完全不能改變了嗎？

S：如果那是為了強化你的成長，那麼不論你想不想，都一定會發生。

朵：但大家常說最周詳的計畫往往也會出錯。會這樣嗎？你懂我的意思嗎？

S：人算不如天算嗎？有些人是這麼說……但這不是「人」做的計畫，所以不是所有計劃好的事都可以被改變。如果有這個需要的話才會發生。

朵：你無法讓計畫萬無一失，完全沒有出錯的可能。這樣就沒有自由意志的空間了。所以即使你非常小心地計劃，也無法總是照你的想法走，是吧？

S：有時候沒辦法。

朵：但可以這麼希望。

S：你不能只有「希望」，你必須「相信」。希望沒有力量，但是相信有。有了信念，我們就可以朝我們最終的命運努力。

又一次，很諷刺的，這個人生計畫做起來比說起來複雜許多。他的確成為一名神父，但不是他自己的選擇。在他生活的年代，如果一個家庭有太多小孩，通常有個兒子會被送去修道院成為神父，這樣就可以少養個孩子。當時教堂的很多神職人員都是這樣，而由於他們不是因為想幫助世人才進入宗教的世界，上級神職人員往往很刻薄，對待修道士的方式幾近殘忍。因此這個個案雖然成為神父，卻沒有幫助人的能力。他過著貧困、孤單、不快樂的生活，直到早發的心臟病讓他解脫。又一次，規劃再好的計畫也可能出錯。

†

我帶很多個案回溯到出生的經驗，印證了先前的說明：靈魂有時會選擇觀察出生的過程，並在出生之後才進入嬰兒的身體。他們也可以選擇嬰兒還在母親身體時進入，以便體驗出生的生理感受。他們並不喜歡進入發育中的胎兒身體裡，因為感覺狹窄束縛，不舒服。他們也會感覺溫暖，但一片漆黑。他們說得出這個母親所經驗到的所有情緒。有幾次的回溯經驗很令人感傷；母親並不想要這個孩子，而靈魂也深深了解，但靈魂覺得已經沒有退路，也許出生後可以改變這個情況。他們還是因為某種原因，可能是因為業吧，覺得自己必須出生在那個家庭。

看著個案經歷實際的出生過程是很奇怪的事。他們常常在肩膀和頭部的地方感受到強大的壓力。有時他們會上氣不接下氣，好像呼吸困難一樣。每在這個時候，我都會努力減緩他們生理上的不適感。直到他們從產道出來，暴露在明亮的燈光之前，他們什麼都看不到。出來後，他們會覺得很冷，很困惑。其中一位個案看到人們穿著白色的衣服，但他說這些人的穿著跟「家裡」同樣穿白色衣服的人並不一樣。他們會意識到現場所有人的想法，他們也不喜歡跟母親分離。他們第一次的哭聲是因為沒有辦法跟這個新環境裡的奇怪生物溝通，因而感到挫折。然後，遺忘襲來，他們的反應變得遲緩，其他層面與存在的回憶都逐漸消逝。

很多人對所謂的「人口問題」感到疑惑。他們說現在地球上的人口比以往的總和都多，但還是不斷在增加。如果這些人只是同樣的靈魂不斷轉世，那要怎麼解釋人口數的增加？問這些問題的人顯然是受困於狹隘的觀點。他們認為從以前就開始轉世的靈魂就是所有的靈魂了。

S：我們了解你的問題。這些新的靈魂是從哪裡來的？我們希望你們能瞭解，靈魂的數量比可用的載具多出很多很多，如果情形相反的話，你能想像沒有靈魂的身體四處亂走嗎？那肯定會很有趣。然而，像我剛剛說過的，等待轉世的靈魂比可以進駐靈魂的身體多上許多。所以會有一個等待的過程，等待最合適的載具出現。

朵：我想那些人的論點是，我們的人口現在前所未有的多，如果這就是所有曾經活過的人……

S：這是不正確的，如果每個靈魂都轉世進入身體的話，就沒有人留在靈魂世界「顧家」了。這裡一定要有一些靈魂來協助、指引和引導其他靈魂。因為這裡就跟你們的星球一樣，也有行政或官方的工作需要完成。

朵：我也是這樣跟他們解釋。並不是所有存在的靈魂都曾經轉世。

S：這是正確的。地球上從未出現過所有的靈魂。如果發生這種情況，整個地球就會擠滿肩並肩的人群，動彈不得。

朵：我們不想這樣。

S：我們也不想，所以我們會說現在靈魂轉世的速度就是最適合現有載具的速度。

†

地球上有很多課題可以學習，學會某些之後，其它的課題學起來就會容易些了。

S：現在我要和你談的是無條件的愛。我們會說要體驗這個概念，必須要先體驗缺乏無條件的愛的情境。所以從整體計畫來看，某個靈魂可能會發現自己回到的人世是黑暗、缺乏愛和缺乏理解的環境，而再次回到光的這一邊後，它被許多給予無條件的愛的靈魂環繞。這麼一來，它就能很容易地記起缺乏愛是什麼感覺，並且自然地聯想到充滿無條件的愛的感受。這是現在這個星球正在學習的一個課題。地球上的混亂和不和諧已經把愛蒙蔽和扭曲到幾乎無法辨識的程度了。這個從有條件的愛轉變到無條件的愛的過程，現在是在後期階段。

朵：你可以定義無條件的愛嗎？

S：以你們的概念和字彙系統，是不可能準確定義的，因為沒有概念可以確切的定義。可以描述形容，但無法定義。

朵：那你可以描述或是給我一個比喻嗎？

S：我們會說在地球上最正確的描繪就是母親對孩子的愛，因為即使孩子偶爾不遵守社會規範，媽媽還是愛這個孩子。當一位母親發現孩子違背了社會的法律，必須付出代價時，她會給予更多的愛，更多的理解與包容。而這正是應該發生的情況，因為從孩子的角度來看，這時更需要愛與理解。所以這種愛是無條件的給予，不論孩子是否違法。而之所以給予，純粹只因為兩人的親情聯繫。這個例子就是無條件的愛。

朵：這就是我們應該從彼此身上學習的嗎？

S：沒錯。

朵：但你也知道人是怎麼一回事，有些人連愛都很難做到了，更何況是無條件的愛。對某些人來說，那是非常難以理解的概念。

S：沒錯。這就是把無條件的愛當作學習課題的智慧，因為這非常難學。

朵：這不就是耶穌來到世上想要教導大家的嗎？

S：確實如此，毫無疑問。祂的生命就是無條件的愛的化身。現在很多人理解到這個事實，也更能覺察耶穌基督教誨的微妙，祂的教導比字面上的意思來得豐富和微妙得多。

朵：還有別的課題嗎？

S：我們會說包忍和耐心就像雙胞胎，彼此相輔相成，缺一不可。

朵：這些是當我們來到地球，應該努力學習的課題嗎？

S：沒錯，一個成熟完整的健康人格少不了這些特質。

S：我們要對那些覺得生命的意義不應僅止於他們的體驗的人說些話。你們渴望從生命得到更多，但似乎不得其門而入，你們認為通過了那道門，就可以有更多體驗。如果我們選擇用門來比喻，這道門其實就是你自己的心靈。你在物質／實體層面的最終目標其實就是認識自己。你們會得到很多學習認識自己的機會和挑戰。這個過程常常是痛苦的。我們請你去看看玫瑰，看看那樣的美麗總是帶著痛。因為要真正享受玫瑰的美，你必須將它從花梗上摘下，因此手指就有被刺到的危險。這可以用來比喻實體層面的人生。無論如何，處於痛苦煩憂和緊急迫切的時候，我們希望你一定要記得，這些經驗都是你自己給自己的。是你選擇了要體驗什麼，這樣你才能學到你需要的課題。因此，透過這些痛苦的經驗，你將會開始認識自己。如果你能從中學到什麼，那麼這些經驗就都沒有白費。你們確實是自己命運的主宰。你完全控制自己的人生要怎麼過。是你在做決定，決定什麼時候、什麼地方，以及怎麼做。從我們的觀點，我們可以看到你面前所有的選項。但是，是你，是你自己必須做出最後的決定。你在地球的時候也一定會影響其他人，這無法避免。你們不斷地在影響其他人。

朵：我以為我們不應該影響別的個體。

S：控制別人是一回事，但影響是完全不同的。如果你無法影響別人，又要怎麼教導呢？影響不是壞事。每個人都有能力分辨什麼是好，什麼是不好。你只是把你有的東西放上檯面，讓他們去選擇要什麼。地球上總是有許多混亂動盪，這在地球注定要發生的事件循環裡是很自然的。然而，從你們的觀點來看，這並不自然，因為你們好像比較喜歡一切都是原貌的時候。但是，如果一切如此，就永遠不會有改變，它會一直維持原樣。這不是地球的目的，地球是嘗試新事物的地方，是戰場，是遊樂場，當然還有更多更多的概念。為了容納這些眾多不同的實驗性的表現，雖然沒有更好的字彙可以說明，但必須偶爾變換這些實相，好讓重心不是只在其中一項。比如說，可能比較不像遊樂場，而較像戰場等等。只要有需要，就會變換優先的順序。你們認為是動亂的時期，其實只是重組優先顯化或表現的順序。我們會建議，你在地球的時候應該聽從自己的直覺引導。這會是最恰當的。因為某個人很不想要的東西，也許正是另一個人非常渴望的。沒有什麼是固定不變的實相，沒有真正的真相，因為一切都是相對的。所以當認定真理和實相的時候，必須非常小心，不要讓它們侵犯到別人的真理與實相。當創造實相時，重要的是始終要記得只有最適當的才會顯化成真。我們會說，會實現的就是必要的。

朵：對在地球上的我們來說，實在很難看著他人的苦惱、心痛和痛苦，然後接受這是進化。

S：以凡人經驗的角度來看，這是真的。我們覺得這是許多現在在你們地球層面的人常常不太理解的地方。要描述現在地球進行到哪個進化階段並沒有益處。因為如果說是開始而已，大家的心就會很沈重，但不該這樣的。而如果說是接近結束了，大家又會太過於期待可能還要一陣子才會發生的事。所以，不論現在到底是在哪個階段，最適當的就是接受我們正處於動盪混亂的階段。我們應該在現處的階段努力，讓循環繼續自行運作。最需要努力的階段就是當下。如果你的實相現在只在洗衣或脫水的階段，這都無關緊要，因為最後衣服一定會洗完的。

朵：（笑）可是我們不知道我們是在哪個階段啊？

S：在現在這個時候，會決定來地球進行又一輪人生的靈魂，若不是有勇無謀就是勇敢十足，這要看他們的想法。有些人只是出於責任，因為他們知道要發展到某個程度必須經歷一定次數的人生。這些大多是你們世界裡比較單調，埋首於工作和傳統保守的人。其他較高階靈魂來到地球，是有意識地在體驗，他們非常清楚在這裡會很困難，但他們知道這會提昇他們的業，因為他們是已經進化的靈魂，他們可以在一次人世發展出一般要兩、三輩子才達到的進度。這個情況尤其在現今這個特定時期特別有可能，因為在物質主義盛行的世界，靈性較難進化。這些較高階靈魂比較能跟靈魂世界保持聯繫，維持同樣的頻率。也因為他們在這裡必須做的工作，使得他們在靈性上進步許多。由於一般的世界對於靈性的抗拒，他們會變得更堅強，會相當於兩或三世的成長。當他們回到我們這一邊時，因為進步許多，通常會被要求留在這裡一段時間，幫助其他想回去的靈魂。過了一陣子後，他們會說：「嗯……其實我也想回去，想要有更多的成長。」因此他們會回到人世。事情就是這樣運作的。我們想對現在聚集在房間裡的人說，你們每一個人都以自己獨特的方式看到前方的旅程。我們會說，其實簡單來說，這個星球上的每一個人都要走上同樣的旅程，只是有些人比其他人來得有意識，較為覺知。

朵：我們都在同一條路上，只是不同的方向。

S：沒錯，但最終所有的路都會碰頭，在同一處聚合。

朵：只是這一路上會有許多波折。

S：沒錯。

†

這本書裡的所有資訊都是由互不相識的個案身上取得，這真的很令人驚訝，因為他們屬於不同宗教，工作也不相同，但即使有這些差異，他們在催眠狀態下所提供的資料不但不互相矛盾，反而還相互印證。有很多內容放在一起的時候，聽起來就像是從一個人口中說出，而不是好幾個人。這本身就是很特別的現象，而且將這些資料全部集中，就成了一本內容前後呼應的書。對我來說，當不同個案回溯到所謂的「死亡」狀態，但看到和講述的都是同樣的場景，這就是證據了。如果他們看到的東西都一樣，那我相信死後世界一定是一個非常真實且可以確認的地方，那裡有著明確的規則、規範與層級關係，使一切井然有序地運作。

我不宣稱自己擁有所有的答案；關於死後生命這個主題的問題實在太深奧，太複雜了。讀者可能會想到許多他們要問，而我卻沒有想到的問題。但當你開啟知識的門戶，去搜尋人們認為根本不存在的問題的答案時，就會是這個情形。我在工作時得到的資料很可能只是冰山的一小角，但確實可以讓我們一窺以後都會到訪的世界究竟是怎麼回事。許多個案在深度的出神狀態下，敍述的資料如此相似，這不可能是巧合。他們各自的描述這麼相像，必定是看到了一樣的地方與環境。

要接受不同的觀念，接受跟我們小時候所學完全不同或是部分不同的想法，並不是件容易的事。但如果這些想法有可能是真的，那它就值得我們去思考和探索。再重申一次，這些資訊只是聽聞，我們必須自己踏上那個旅程才會知道。但如果我們能從經歷過這個旅程，而且靈魂記憶仍帶有這些經驗的人們得到這麼多的資料，那我們至少對那個可怕的未知領域有了一些些瞭解。我相信我們每個人都帶有這些記憶，而也許在我們需要的時候，這些記憶就會甦醒。

我認為我的研究很像是在閱讀一本地理書籍，書裡講述海洋另一端充滿異國風情的奇妙國度。因為書裡有描述的文字，也附上了圖片，告訴我們那個地方的居民都在做些什麼，所以我們知道那個地方是真實存在。但直到我們自己親身體驗之前，那些資訊都只是書中的文字和圖片。也許作者誇大了，也許輕描淡寫了，也許他只說了自己的觀點，而別本地理書籍會用不同的方式講述這些事實。這就像每當我們去別的國家旅行，透過自己的眼睛去觀察去看的時候，我們都會發現別人完全沒有注意到的事物。發生在我們身上的一切都被我們自己的想法和經驗渲染。

因此，直到我們離開這個身體，朝向分隔這個世界和下一個世界的亮光前進之前，我們都不會真正知道會是怎麼回事。即使我有了研究所得的知識，我也不急著踏上那個旅程。至少現在還不急。我覺得自己在這個世界還可以做很多事。研究死亡，讓我更能欣賞生命。

但我想，當我的時辰到來，我不會像以前那麼害怕了。因為我知道我不是前往一個陌生、黑暗和可怕的未知領域。我只是回**家**，而且在那邊遇到的人事物都會像這個世界裡的一樣熟悉和親切。也許我得到的資訊讓我們稍稍掀開了帷幕，得以一窺幕後的世界；這些資料讓我們透過玻璃看到重重陰影，而這些陰影並不似想像得黑暗。埋藏已久的記憶漸漸被喚醒了，而這些記憶是美好的，因為我們看到的是如此美好的景象。

我很感激能與這些靈魂對話。他們告訴我的事，鼓勵了我們擺脫恐懼與懷疑，並讓我們領悟到，在那個界線之後的，只是喜悅的返家之旅。

# 園丁後記

朵洛莉絲·侃南在二〇一四年十月，完成了她這次精彩的地球之旅，回到了光的世界。她是我很尊敬和喜愛的作者，她以旺盛的好奇心，堅持不懈的探索精神，最重要的，是無私的動機、正直和愛，帶給大家珍貴無比的訊息和教導。她的多本著作和量子療癒催眠法（QHHT）是她留給這個世界的珍貴資產。

我想，紀念她的最好方式，就是實踐她所傳遞的訊息，在生活中做出良善利他的選擇，讓這個世界多些愛，少些恨；多些寬恕，少些報復；多些理解，少些敵視。

讓我們打開心，擁抱這個充滿無限可能的美好宇宙。

宇宙花園　先驅意識09

生死之間——死後世界的催眠紀實

Between Death and Life

作者：Dolores Cannon

譯者：張志華．陳柏宇．張嘉芸

出版：宇宙花園有限公司

通訊地址：北市安和路1段11號4樓

e-mail：servoce@cosmicgarden.com.tw

編輯：宇宙花園

內頁版型：黃雅藍

印刷：鴻霖印刷傳媒股份有限公司

總經銷：聯合發行股份有限公司　電話：(02)2917-8022

初版：2016年5月

二版一刷：2024年8月

定價：NT$480元

ISBN：978-986-06742-5-5



國家圖書館出版品預行編目資料

生死之間：死後世界的催眠紀實／朵洛莉絲．侃南（Dolores Cannon）著；張志華, 陳柏宇, 張嘉芸譯 -- 二版. -- 臺北市：
宇宙花園, 2024.08
面；　公分. --（先驅意識；9）
譯自：Between death and life
ISBN 978-986-06742-5-5（平裝）

1. CTS：輪迴　2. CTS：催眠術

216.9　　113011191